청석두리 이야기

한혜정 수필집

교음사

작가의 말

떠나오는 청석두리다 언제나 다시 오려나
정들었던 동무들을 고향에다 두고서….

세월이 많이 흘러 나머지 가사는 더 이상 생각나지 않지만 어린 시절 이 노래를 부르며 신나게 뛰어놀던 내 모습이 선명하게 기억 속에 남아 있다.

내 고향 황해도 청석두리를 떠나오면서부터 나의 찬란했던 청춘과 40여 년 교직생활의 모든 화양연화(花樣年華)를 이 책에 담았다. 한 걸음 한 걸음 소중한 사람들과의 추억과 보다 나은 내일을 만들기 위한 사소한 노력이 알알이 박혀 있다.

좋은 사람들을 만났기에 그들을 위해 노력할 수 있었고 그 노력이 쌓여 수필을 쓸 수 있었다고 생각한다. 노인 한 사람이 도서관이라던데 80을 바라보고 있는 지금 내가 걸어온 발자취를 돌아보고 정리해볼 때가 되지 않았나 싶다. 나의 이야기가 누군가에는 잔잔한 울림이, 누군가에는 기분 좋은 떨림이 되었으면 좋겠다.

나는 참 인복이 많은 사람이다. 살아가는 동안 주변에 항상 고마운 사람들이 넘쳐났고 그들 덕분에 내 인생은 행복했다. 그리고 이 행복한 삶의 시작은 나의 존경하는 아버지로부터였다.

사랑하는 공간, 사랑하는 사람들, 사랑하는 직장을 만나게 해준 아버지께 제일 먼저 감사의 인사를 드린다. 이어서 이 글을 쓰도록 온 마음으로 도와주신 오경자 교수님, 월간 『수필문학』 강병욱 대표님, 나의 사랑하는 글벗들에게도 진심 어린 고마움을 전한다.

아직 한창이었던 나를 기억하게 해주고 이 수필집을 읽으며 아직 한창일 나를 살아가게 해준 류진 편집장님께도 감사드린다.

여덟 살 어린 나이에 어른들을 따라 목숨 걸고 38선을 넘어온 기억이 손에 잡힐 듯한데 어언 6·25전쟁 70주년이라니 놀랍기 그지없다. 이제 나이 70, 고희를 맞이한 6·25를 기리며 이 책을 엮었다.

긴 세월 동안 여든 살 다 된 할머니가 갖은 가시밭길을 통쾌하게 헤쳐 나가는 이야기를 독자 여러분께 선물하고 싶다.

살아오는 동안 '우리 딸은 만능'이라고 늘 칭찬으로 용기를 주신 아버지와 잔잔한 음성으로 많은 사랑을 주신 어머니 영전에 이 책을 바친다.

2020년 11월 25일 안암동 서재에서 한혜정

| 한혜정 수필집 |

---

1. 청석두리 이야기

2. 그리움

3. 청춘이 꽃피는 계절

4. 교직 이야기, 엄마 이야기

1장 학교 종이 땡땡땡

2장 실버타운에서

3장 다시 일상으로

1.

청석두리 이야기

추운 겨울이 왔다. 새벽에 따발총 소리가 요란하게 나더니 인민군부대가 산을 넘어 마을을 습격했다. 눈이 와서 하얀 산에 하얀 옷을 입은 인민군들이 모자까지 하얗게 쓰고 총을 겨누고 내려온다. 비행기의 폭격을 피하기 위해서 눈이 올 때는 하얀 복장을 한다. 인민군들은 집집마다 들어와 죄 없는 남자들을 무조건 잡아다가 논밭에 세워놓고 총살하였다.

-「본문」 중에서

여덟 살의 6·25

인민군의 습격

땅! 땅! 땅! 땅!

몇 번의 대문 차는 소리가 들리자 대문이 집 안으로 나동그라지며 그 위로 총칼을 든 인민군 십여 명이 들이닥쳤다. 제일 앞에 들어오는 인민군의 총칼에서는 붉은 핏방울이 뚝뚝 떨어지고 있었다.

때는 겨울이라 생각한다. 언니, 오빠, 나는 외투를 입고 모자를 쓰고도 무서워서 복도에서 벌벌 떨고 있었다. "이 집 주인 어디 있소? 주인 나와" 하면서 구둣발로 마루를 통해 안방 문을 홱 열어젖혔다. 어머니는 편찮으시다고 이불을 쓰고 누워 있다가 일어나면서 떨리는 목소리로 인민군에 나가셨다고 하셨다.

"거짓말 말아! 다 소식 듣고 왔다. 숨긴 곳을 대라." 하며 발을 구르고 무섭게 고함을 쳤다. 어머니는 인민군에 나가신 후로 소식을 모른다고 하셨다.

"지금부터 샅샅이 뒤져서 찾아내면 이 자리에서 총살이다." 하면서 인민군들에게 "빈틈없이 찾아내라"라고 명령했다. 복도에는 외할아버지께서 보내주신 곡식 가마가 여러 개 있었는데 긴 칼로 푹푹 찔러보고 안방으로 가서 장롱 문을 열고 이불을 모두 칼로 북북 긋고 천장에도 여기저기 좍좍 그으며 다락으로 올라가 칼을 휘두르며 아버지를 찾는다. 어떤 군인은 광으로 가서 발로 밟고 삽으로 꽝꽝 내리치며 땅을 파기 시작하였다. 땅속에서는 어머니가 좀 값진 물건들을 숨겨 놓으셨던 것들이 줄줄이 나왔다. 접시와 같은 고급 그릇 종류, 아버지가 보시던 여러 종류의 책들과 사전들, 식구들의 사진첩 등이었다. 여기도 없다고 생각한 인민군은 옆에 있는 목욕탕으로 갔다. 그곳에는 겨울에 땔 장작과 숯섬이 차곡차곡 쌓여 들어갈 수가 없자 나무와 숯섬들을 한 단씩 마당으로 내던진다. '큰일 났다.' 욕조 밑에는 아버지가 숨어 계신 것을 나는 알고 있었다.

가슴이 콩닥콩닥 뛰기 시작하는데 나의 모습이 그들의 눈에 띌까 봐 얼굴을 돌리고 태연한 척했으나 내던져지는 장작과 숯더미 소리가 날 때마다 가슴이 철렁철렁 내려앉는다. '정말 큰일 났다. 어쩌나!' 목욕탕 천장까지 쌓였던 장작더미가 반쯤 없어지자 그 위에 올라가 긴 칼로 밑을 향하여 쿡쿡 찌른다. 눈치 채지 않게 그곳을 주시한 나는 조바심으로 애가 탔다. '어떡해요? 아버지, 숨죽이고 들키지 말아요.' 하고 속으로 간절히 빌며 숨도 크게 쉴 수가 없었다.

땀을 흘리며 장작 아래를 찔러보던 인민군은 여기도 없다는 표정으로 나와서 부엌으로 들어가 아궁이 속을 들여다보고 아궁이에 불을 때라고 명령했다. 어머니가 장작을 넣고 불을 지피셨다. 모두 뒤져도 아버지가 없다는 것이 확인되자 어디서인지 소 다리만 한 쇠고기를 메고 와서 어머니에게 이십 명이 먹을 밥을 하라고 명령하였다. 큰 가마솥에 쇠고깃국을 끓이고 쌀밥을 하여 차려 주었다. 밥을 먹은 후 열 명쯤은 방에서 코를 골며 잠을 자고 나머지 반은 마루에 나와서 총을 닦으며 망을 보고 있다. 꽤 오랜 시간이 지나자 교대로 잠자고 총을 닦는다. 해가 지고 어둑어둑할 때 인민군들은 짐과 총을 메고 떠났다.

낮에는 이남 비행기의 폭격 때문에 밤을 이용해 이동하는 인민군부대라고 했다. 마을을 습격하여 죄 없는 남자들을 찾아 총으로 쏘고 칼로 찔러 죽이고 끔찍한 만행으로 동네를 슬프게 만들고 갔다.

아주 깊은 밤에 목욕탕 욕조에 숨으셨던 아버지께서 말씀하시는데 아버지 머리를 덮은 솥뚜껑 앞을 칼끝이 몇 번 싹싹 지나갔을 때 아찔아찔했고 그 칼끝이 솥뚜껑까지 닿아서 쨍 소리가 났더라면 아버지의 목숨은 끝났을 것이라는 얘기를 들었다. 이제는 더 이상 이 집에서 숨어 있을 수가 없다고 하셨다.

아버지께선 황해도 해주사범학교에서 음악, 교육심리, 교육원리를 가르치셨는데 사상교육을 잘못했다고 반동으로 몰리고 있었다. 어느 날 제자가 급히 달려와 내무서원이 한 선생님 잡으러 이리로 오고 있다고 빨리 피신하셔야 된다고 알려주어 아버지께서는 '백랙산' 으로 피신하여 산에서 숨어 활동하는 치안대에 합류하셨다고 하였다. 치안대들이 가끔씩 보안서에 습격하여 총을 압수해 가는 사건들이 있었다. 그때마다 보안서 직원들은 우리 집을 포위하고 집을 수색했다.

며칠 후 어머니께선 부엌문을 닫고 조심스럽게 찹쌀, 쌀, 콩을 볶아서 자루에 담아 묶어 놓으셨다. 여쭈어 볼까 하다가 짐작이 가는 데가 있어서 그만뒀다. 그날 밤 어머니는 이불을 깔아주시며 빨리 자라고 서두르신다. 이상한 생각이 들어 누워서 자는 척하였다. 밤이 깊어 고요해졌을 때 방문을 열고 낮은 소리로 "아이들은 다 자나?" 하시며 아버지께서 오셨다. 깜짝 놀랐지만 실눈을 뜨고 아버지 몸체만 보고 귀를 쫑긋했다.

"경계가 심하여 다음에 한 번이나 더 올까?" 하시는 말씀이 어렵고 난감한 것처럼 들렸다. 아버지는 어머니께서 준비해 주신 곡식 자루를 어깨에 메고 어둠 속으로 사라지셨다. 이것이 이북에서 마지막으로 본 아버지의 모습이다

피난민 생활과 어머니의 부상

아버지께서 고향 생각만 나시면 말씀하시던 고향집 주소는 '황해도 재령군 상성면 청석두리 235번지'이다. 우리 집에서 약 오십 미터쯤에는 인민학교가 있다. 집 앞에는 채마밭도 약간 있었다. 여름이면 상추, 쑥갓, 오이, 고추를 따다가 쌈 싸 먹던 기억이 난다. 아버지께서 백랙산으로 가신 지 보름이나 되었을까 한 선생님이 보안서에 잡혀 왔다는 소문이 돌았다. 언니가 보안서를 맴돌며 아버지의 동태를 살폈다. 보안서 가까이는 접근이 어려운데 열다섯 살 된 언니가 매일 가서 하루 종일 서성거리며 열심히 살피고 있었다. 매 맞는 소리, 고문에 의한 신음소리 '아이고' 소리가 밖에까지 흘러나온다고 한다. 우리 식구 모두 안절부절 초죽음이다.

그러던 어느 날 아버지 손을 뒤로 포승하여 앞세우고 군, 경 오십

명이 무장을 하고 뒤따라가고 있어 언니가 따라갔다. 따라오지 말라고 해도 따라갔다. 경찰은 언니에게 총을 겨누고 안 가면 쏜다고 하여 아버지가 어디로 가시는지도 모르고 집으로 돌아왔다. 아버지의 생사를 몰라 초조해하고 있는데 군, 경들이 한 선생님을 놓치고 돌아왔다는 소문이 들렸다. 우리는 '다행이다' 하면서도 걱정이 컸다. 그 후로 우리 집을 거의 포위하고 있으면서 반동분자 가족이라고 불렀다.

청석두리에서 살 수가 없어서 더 시골인 '장자태'로 피난을 갔다. 허름한 농사꾼의 방 한 칸을 빌려서 살게 되었다. 이곳 사람들은 담배를 대강 가루로 만들어서 아무 종이에나 말아서 피운다. 얇은 종이가 좋지만 구하기가 어렵다고 한다. 언니는 비행기 폭격이 심한데도 불구하고 청석두리 집에 묻어놓은 사전과 접시를 가져왔다. 사전 한 권에 쌀 한 됫박을 바꾸었다. 접시도 쌀과 바꿔서 죽을 끓여 먹었다.

아버지를 놓친 공산당원들은 혈안이 되어 '장자태'까지 따라와서 감시하며 어머니를 붙잡아 갔다. 잡혀 온 많은 사람들이 내무서에서 한 사람씩 끌려 나가 몽둥이로 마구 때려 허리가 부러져 기어나간다고 했다. 몇 사람이 '아이고' 소리를 내며 매 맞고 나간 다음 어머니 차례가 와서 어머니는 떨면서 나가 꿇어앉았더니, 의외로 부드러운 음성으로 "왜 그렇게 떠십니까?" 하면서 한 선생님이 우리와 같이 손잡고 일하면 좋을 텐데 왜 도망가셨는지 모르겠다고 하며 자신은 한 선생님의 제자라고 하면서 연락되면 꼭 모시고 오라고 하며 그냥 보내주어, 매도 안 맞고 집으로 오셨다. 어머니는 무지하게 맞는 사람들을 보고 너무 무서워서 또 잡으러 올지 모른다고 아주 산골짜기인 '풀당골'로 가셔서 한 달쯤 계시다가 오셨다. 우린 다른 곳으로 옮겼는데 그곳에서 우리를 반동분자라고 부르는 당원 집 바깥방이다. 우리를 감시하기 위해서 빌려준 것 같다. 하여튼 그 집에서 오래 산 기억이 난다.

여름엔 산에 가서 도토리를 따다가 겨울 양식을 준비하고 가을엔 추수가 끝난 논, 밭에 가서 이삭을 줍는데 옆에서 같이 이삭을 줍던 아주머니는 "고놈의 에무나이 땜에 하나도 못 줍겠다."고 불평하는 소리를 들으며 내 손이 얼마나 빠르게 이삭을 줍는가를 느꼈다. 주워온 이삭을 모아서 도리깨로 타작을 하여 양식을 마련했다. 이른 여름에 오빠와 같이 산에 가서 산딸기를 두 바구니 따왔는데 한 바구니는 저녁으로 먹고 한 바구니는 그다음 날 오빠와 개울을 건너서 시장에 팔러 갔다. 하루 종일 있어도 사는 사람이 없어 딸기 한 바구니를 오이 한 개와 바꿔 가지고 왔다. 이야기를 들으신 어머니께선 어이가 없다는 듯이 웃으셨다.

어머니는 동네 사람들을 따라서 장사하신다고 사리원에 200명이 들어가는 방공호로 된 시장에 가셨는데 비행기가 폭격하는 바람에 방공호가 무너졌다. 납작하게 내려앉은 방공호 속에서 200명가량의 사람들이 압사당했다. 어머니는 나무 기둥 옆에 서 계시다가 방공호가 무너지면서 어머니 손이 기둥과 같이 밖으로 나가 있었다. 폭격이 멈춰 사람들이 구조작업을 하려고 해도 어디서부터 손을 대야 좋을지 모르고 있는데 한 사람이 "여기 손이 나왔다" 하면서 손 옆을 삽으로 퍼내니, 숨이 막혀오던 어머니 한 사람만이 구조됐다고 하셨다. 머리에서 피가 도랑물처럼 흘러내렸다고 하셨다. 그 후로 어머니는 누워서 꼼짝도 못하셨다.

언니 오빠가 장사한다고 낮에 나가면 나는 노란 콩 이삭을 주어다가 물에 불려, 맷돌에 갈아서 콩죽을 쑤어 어머니께 드렸다. 어머니는 누워서 가만히 계신데도 바지가 뱅뱅 돌아간다. 머릿속은 이와 서캐로 뒤범벅이고 여름이라 냄새도 고약하고 얼굴과 몸이 말할 수 없이 마르셨다. 나는 산에 가서 넓적한 가랑잎 몇 잎을 따다가 부채질하여 파리와 모기를 쫓았다. 그 집에 산송장이 있다고 사람들이 수근거렸다.

어머니는 갑자기 신 복숭아가 먹고 싶다고 하시며 어디 가서 복숭아를 몇 개 따오라고 하신다. 가만히 생각해 보니 주인집 뒤뜰에 개복숭아나무가 있었다. 낮에는 모두 일하러 나가기 때문에 집이 비어 있었다. 그날따라 부엌문을 잠그지 않고 나갔기 때문에 숨죽이고 몰래 뒤뜰로 갔다. 두근거리는 가슴을 누르며 복숭아나무를 보니 작은 복숭아들이 다닥다닥 달려있었다. 얼른 서너 개쯤 따가지고 쥐도 새도 모르게 엄마에게로 왔다. 들키는 날엔 그 집에서 쫓겨날지도 모른다.

어머니는 깨끗이 씻은 복숭아를 한 개 드시더니 억! 하며 토하는데 깜짝 놀라 뒤로 물러났다. 거기엔 수십 마리의 회충이 엉켜서 꾸물거린다. 너무나 무서웠지만 그래도 얼른 빗자루로 쓸어 담아 버렸다. 지금 생각하니 어머니는 배 속에 회충이 많아서 속이 메스꺼워 신 복숭아가 당긴 것 같다.

어느 날 오빠가 산에 나무를 하러 갔다가 오소리 한 마리를 잡아 가지고 왔다. 사람들이 팔라고 했다. 그런데 어떤 아주머니가 어머니 약을 해드리라고 한다. 우리는 하늘에서 어머니께 약 해드리라고 내려주신 선물이라고 생각하고 오소리를 손질하여 푹 끓여서 어머니께 여러 날 드렸다. 그것이 효험이 있었는지 어머니는 육 개월 만에 일어나셔서 한 발자국씩 걸으셨다. 우리들은 좋아서 "와!" 하고 환호성을 올렸다. 어머니가 모두들 돌아가신다고 했는데 이렇게 일어나셨으니 정말 감사하고 고마울 뿐이다. 지팡이 짚고 한 발씩 걸으신다. 얼마 후 주인집에서 방을 비우라고 한다.

우리는 시골 먼 친척 아저씨 집인 '대무채'로 가서 방 한 칸을 얻어 옮겨 살게 되었다. 어느 날 낮에 내무서원이라는 두 사람이 찾아와 아버지 간 곳을 말하라고 한다. 전혀 모른다고 하니 방 안에 들어와 짐 보따리를 뒤지며 아버지가 오면 알려야 한다고 윽박지르고 갔다. 밖에서 개가 컹컹 짖는 소리가 나면 누군가가 오는 것이다. 총을 멘 사람이 또 와서 아버지가 왔다가는 것을 누가 봤다고 아버지 내놓으라고 총을 겨누며 소리친다. 우리는 떨려서 말도 못하고 고개만 저을 뿐이다. 정말 무서워서 살 수가 없다.

아저씨는 어려운 편이지만 조금씩 우리를 도와준다. 우리는 산에 가서 싱아도 꺾어 먹고 머루 다래를 따다가 먹으며 나물도 뜯어다 삶아 먹으면서 지냈다.

추운 겨울이 왔다. 새벽에 따발총 소리가 요란하게 나더니 인민군부대가 산을 넘어 마을을 습격했다. 눈이 와서 하얀 산에 하얀 옷을 입은 인민군들이 모자까지 하얗게 쓰고 총을 겨누고 내려온다. 비행기의 폭격을 피하기 위해서 눈이 올 때는 하얀 복장을 한다. 인민군들은 집집마다 들어와 죄 없는 남자들을 무조건 잡아다가 논밭에 세워놓고 총살

하였다. 아저씨는 안방 윗목 장롱 밑을 파서 구들장 속으로 대피장소를 미리 만들어 놓은 곳에 숨었기 때문에 들키지 않았다. 삽시간에 동네 남자들만 끌어다가 죽이고 인민군부대는 이동하였다. 여기서도 무서워서 더 이상은 살 수가 없었다.

나무가 무성해진 여름에 우리는 어머니 친정 동네인 작은골로 가서 외할아버지 땅에서 소작농을 하던 아저씨 집에서 살게 되었다. 여기서 겨울을 나야하기 때문에 겨우살이 준비로 또 도토리를 따서 집에다 쌓아둔다. 어머니는 거동을 잘 못하시기 때문에 동생들과 집에 계시고, 언니 오빠가 도토리를 따서 자루에 담아놓으면 내가 질질 끌어서 옮겨 놓는다. 몇 번을 집에 왔다 갔다 하는데 낯선 두 여자들이 어머니와 조용히 얘기를 주고받는다. 그다음 도토리를 가지고 왔을 때 어머니께서 언니, 오빠는 도토리 그만 따고 빨리 집에 오라고 하셨다.

나는 그 두 여자의 존재가 궁금했는데 벌써 동네 빨갱이가 보안서에 신고하여 두 여자는 잡혀갔다. 알고 보니 그 두 여자는 아버지가 보낸 안내자다. 아버지 증명사진을 어머니께 건네주었다. 사진 뒤에는 '이 사람을 따라오시오'라고 씌어 있었던 것이다. 보안서에 잡혀간 두 여자들은 검문 당할 것을 대비하여 여행증, 도민증, 공민증과 다이아찡, 아스피린을 갖고 다녔다. 그 집에 환자가 있다는 소문을 듣고 약을 팔러 왔다고 똑같이 말하여 풀려 나왔다. 연안에서 만나기로 약속하고 두 여자는 떠났다.

우리는 아버지가 무사히 월남하셨고, 우리를 데려가시려고 안내자를 보낸 것을 알았다. 우리는 기쁘면서도 들킬까 봐 가슴이 조마조마하였다.

사선을 넘어 탈출

아버지께서는 내무서에서 치안대가 숨어 있는 아지트를 대라고 고문을 심하게 받았는데 아버지를 거꾸로 매달고 코에 물을 부을 때는 곧 죽을 것 같아서 마지막 시간을 벌기 위해 아지트를 대겠다고 하였더니, 아버지를 포승하고 무장 군경 오십 명이 아버지 뒤를 따라왔다고 하셨다.

아버지는 아지트가 있는 백랙산으로 향하면서 탈출할 기회를 포착하느라 이 궁리 저 궁리를 하며 걸었다고 하셨다.

어느새 백랙산 근처까지 오도록 기회도 가질 수 없었고, 좋은 생각이 떠오르지 않아서 애간장이 탔다고 하셨다. 마침 해 지는 것을 보고 이것을 이용하자는 생각이 스쳤다. 대장한테 가서 산이 험하여 배고프면 어려우니 군경들에게 밥을 먹이고 올라가야 한다고 말했더니, 납득이 갔는지 마을 큰 집에 가서 빨리 밥을 해내라고 명령하였다. 군경들이 방으로 들어가고 마지막 밥상이 들어갈 때 대장에게 "아까부터 배가 살살 아프니 종이 좀 주시오. 변소에 갔다 오겠습니다." 하고 말했더니 주머니에서 아무 말 없이 종이를 꺼내 주었다고 한다. 시장기 도는 순간 구수한 밥 냄새에 잠시 마음이 느슨해질 수가 있다는 사람의 심리를 이용했다고 하셨다.

종이를 받은 아버지는 엎드려 군화 끈을 단단히 매고 변소는 마당 뒤에 있으므로 천천히 걸어서 마당을 돌아서자마자 논둑 밭둑 가리지 않고 사정없이 뛰어 산속으로 진입하여 정신없이 산을 오르셨다고 했다. 5분쯤 지났을까 땅, 땅, 따당, 따당, 따따따 총소리가 연발 나며 군경들이 산으로 쫓아오는 소리가 들렸다고 하셨다. 한 시간 이상 총소리가 나는데 해는 져서 산 전체가 깜깜해지니까 총소리도 멎고 암흑처럼 깜깜한 산이 다시 조용해졌다고 한다. 아지트인 샘막장(샘물이 나오는 샘터)에선 총소리를 듣고 대장께서는 "아무래도 한 선생님에게 무슨 변고가 생겼나 봅니다. 여기서 식량도 떨어지고 더 버틸 수 없으니 내일 해변가 주막집에서 만납시다." 하고 뿔뿔이 흩어졌다고 하셨다. 그것도 모르시고 헐레벌떡 샘막장에 도착하신 아버지는 '대원들을 못 만나면 큰일이구나' 하고 걱정하면서 다음 날 새벽 동이 틀 때까지 기다려 보기로 하셨단다.

동이 트기 시작하여 앞을 보니, 희미하게 사람의 등짝이 보이더랍니다. 저것이 공산당원일까? 우리 대원일까? 알 수 없어 함부로 다가 갈 수가 없었다고 하셨다. 작은 돌멩이로 그 사람 옆을 던졌더니 깜짝 놀라 뒤를 보는데 다행히 대원이어서 서로 부둥켜안으며 그분은 한 선생님이 돌아가신 줄 알았다고 하셨다. 아침에 해변가 주막집에서 만나기로 했으니 빨리 가자고 말했단다. 부지런히 달려가니 주막집 아주머니는 "금방들 가셨으니 빨리 가시면 만날 것입니다." 하여 계속 달려갔다. 너무 배가 고파 주먹밥 한 덩이를 입에 넣고 달렸다고 했다. 대원들은 모두 배에 타고 마지막 닻줄을 풀고 있더란다. 그야말로 몇 분만 더 늦었더라도 배를 타지 못하셨을 것이다. 순간순간이 아슬아슬하고 극적인 생명 연장이었다.

가족 구출 작전

성공적으로 월남하신 아버지께서는 어떻게 하면 가족들을 데려올 수 있을까 하고 골똘히 생각한 끝에 우선 돈을 벌어야 하겠다고 생각하셨다.

그 당시 남한에서는 복구 작업이 한창이었다고 한다. 인천에서 매우 큰 학교인 인천 축현초등학교에 가서 교장을 만나 사정 이야기를 했더니 교감 자리를 줄 테니, 근무하시라고 했다. 아버지께선 자신이 여기 안주해 있으면 가족 구출할 활동을 못하니, 일감을 달라고 하시면서 모든 악기를 다 고칠 수 있다고 하셨다. 교장은 좋다고 하며 피아노, 풍금부터 고쳐달라고 하여 피아노 조율과 풍금을 뜯어 리드를 고쳐 음을 맞추어 쓸 수 있도록 고쳐 주셨다고 한다.

축현초등학교 교장이 만족해하며, 여러 학교를 소개하여 돈을 많이 벌었고 중고등학교까지 소개되어 건반악기는 물론 브라스밴드 악기 등 모든 악기를 조율하셔서, 돈을 많이 벌었다고 한다. 그 돈으로 청주에 작은 악기점을 내셨다. 악기점 간판을 '교향악기점'으로 하고 조율사로서 학교마다 찾아다니며 일을 하셨다. 아버지 동창들이 교장으로 근무하는 학교가 있어서 쉽게 일을 구하고 돈을 벌 수가 있었다.

아버지께선 최일선인 강화도에 있는 민법이라는 조그만 섬의 군부대를 찾아가, 가족을 구할 수 있는 방법을 알게 되었다. 이북을 드나들며 돈을 받고 사람을 데려오는 안내자를 알게 되었다. 아버지는 '이 사람을 따라오시오'라고 쓴 아버지의 증명사진을 여러 안내자에게 주어 이북으로 보낸 것이다.

안내자를 따라서 남으로

작은골에서 먹고 살 수가 없어서 다른 곳으로 옮기는 것처럼 하고 우리는 각각 봇짐을 지고 안내자와 약속한 연안으로 가는 한길로 들어섰다. 한길에는 남쪽으로 가는 피난민들이 줄을 지어가고 있었다. 우리도 그 속에 끼어 계속 걸었다. 다리가 아팠지만 말도 못하고 참았다. 지팡이를 짚고 절룩거리며 걸으시는 어머니를 보면 힘이 솟았다. 네 살, 여섯 살의 어린 동생과 부상당한 어머니 때문에 천천히 걸었다. 가다가 보면 길바닥에 엄마는 죽었는지 누워 있고 그 위에 아기가 울고 있는 것도 보고 발이 뚱뚱 부어서 걷지 못하는 사람들, 굶어 죽었는지 길가에 누워서 꼼짝 안 하는 사람들을 여기저기 볼 수 있었다. 계속 걷고 있는데, 정찰기가 굉음을 내며 낮게 떠서 정찰을 하고 간다. 그러면 금방 폭격기가 나타나서 꽝꽝 폭격을 한다.

그럴 때마다 피난민들은 숨느라고 정신이 없다. 바위 뒤에 엎드리고 나무 속에 숨고 갈팡질팡하며 파편에 맞고 총알이 뚫고 지나가며 울고불고 아수라장이다. 다행히 우리 식구들은 무사했다. 저녁에 잘 곳을 찾아 비어 있는 집에 들어갔다. 평양에서 온 부부는 여섯 살짜리 아들을 데리고 왔는데 총알이 고추를 뚫고 지나갔다. 밤새껏 열이 나면서 울고 보챘다. 아이 아버지가 마침 의사여서 가져온 구급 약품을 바르고 치료했지만 새벽에 죽었다. 아이 부모는 소리 없이 울며 하얀 천으로 아이를 모두 감아서 '미이라'처럼 만들었다. 엄마가 아들 몸을 더듬으며 우시는데 나도 따라서 많이 울었다.

우리는 계속 걸어서 연안 갈 때 꼭 통과해야 하는 '물매고개'를 넘게 되었다. 이곳은 인민군 습격이 자주 있어서 아주 긴장하고 빨리 지나가야 한다. 인민군들이 피난민을 총살하고 봇짐을 모두 빼앗는 곳이라고 한다. 우리는 걸음을 재촉하여 초긴장을 하고 '물매고개'를 무사히 빠져나와 마을로 들어와 비어 있는 집에서 안도의 숨을 쉬고 있었다.

조금 후에 '물매고개'를 넘을 때 우리보다 조금 떨어져서 뒤에 오던 사람들이 습격을 받았다고 한다. 피를 흘리며 절뚝거리는 사람을 부축하고 온다. 그래도 살아온 사람은 다행이다. 살아남은 가족이 우는 소리 신음소리 정말 끔찍한 장면들이다.

며칠을 걷고 걸어서 연안 만남의 장소에 무사히 도착했다. 그런데 이게 웬일인가? 두 안내자들은 어린아이가 있어서 못 데려간다고 하면서 그냥 가버렸다. 우리는 어느 집 처마 밑에 가서 웅크리고 앉았다. 밤이 다가오는데 어떻게 하나, 그런데 죽으라는 법은 없는 모양이다. 웅크리고 앉아 있는데 주인집 남자가 나오더니 "어디서들 오셨습니까?" 하며 친절하게 묻는다. "갈 곳이 없는 것 같은데 올라들 오시지요." 우리는 구세주를 만난 듯 얼른 마루로 올라갔다. "이남에 넘어가려고 하시지요?" 하고 묻는데, 어머니는 빨갱이인지 아닌지 몰라서 얼른 대답을 안 하셨다. "나는 한 반장이라고 합니다. 사과빨갱이지요." 그러면서 "여기 계시다가 이남으로 넘어가세요." 하고 친절하게 대해 주셨다. 사과빨갱이는 사과처럼 겉만 빨갛고 속은 아니라는 것이다.

우리는 고맙다고 인사를 하고 여기서 머물기로 하였다. 낮에는 비행기 폭격 때문에 산으로 피신을 한다. 누가 파놓았는지 길게 구덩이를 파서 총알을 피하기가 좋다. 가을이 되어 메뚜기도 잡고 해변가에 가서 바닷게도 많이 잡아다가 끓여 먹었다. 어머니와 언니는 고구마도 찌고, 수수 부침개도 부쳐서 비행기 폭격 때문에 굴속에서 팔았다. 나는 게와 메뚜기 잡아 오기에 바빴다.

어느 날 또 메뚜기를 잡아 가지고 걸어오다가 앞에서 오는 인민군과 마주치게 되었다. 인민군이라면 진저리가 나게 무서운데 날 보더니 "너, 사람이니? 전봇대니?" 하며 쳐다보고는 그냥 간다. 나를 전봇대에 비교한 걸 보면 상당히 말랐던 모양이다. 스산한 바람이 살갗을 스치고 길가에 피어 있는 코스모스를 보며 어린 마음에도 가을이라는 것을 느꼈다. 논 주인이 메뚜기 잡는다고 호통을 치며 따라오면 도망가다가 주인이 안 보이면 또 풀줄기에 메뚜기를 꿰어서 볶아먹을 정도가 되어야 돌아왔다. 배가 고프니 바닷게며 메뚜기가 간식이 아니고 식사 대용이기 때문에 열심히 잡아왔다.

추석이 지나고 제법 쌀쌀한 날씨가 계속되었다. 이북은 추석만 지나면 금방 겨울이 오는 것처럼 밤이면 추웠다. 여기서는 인민군이나 경찰이 찾아오는 일은 없었다. 이남이 가까워서 우리는 때만 기다리고 있었다. 한 반장 내외가 무던하고 너그러워서 의지가 되고 비교적 평온하였다. 낮에 비행기 폭격만 피하면 청석두리 있을 때보다 훨씬 마음이 편했다.

언니는 연안에서 다이야찡을 사 가지고 재령에 가서 팔면 곱빼기가 남는다고 하여 다이야찡을 가지고 아침에 떠났다. 걸어서 백오십 리 길이라 그다음 날이 되어야 집에 돌아온다. 그런데 그날 저녁 아버지가 보낸 두 번째 여자안내자 한 사람이 찾아왔다. 역시 아버지 사진을 가지고 왔기 때문에 틀림이 없었다. 안내자는 이남으로 가는 배가 오늘 저녁에 약속이 되어 있으니, 오늘 저녁에 떠나야 된다고 했다. 어머니는 큰딸이 내일 오니까 내일 가자고 했다. 딸을 혼자 두고는 못 간다고 오히려 사정했다. 안내자는 내일 와서 딸을 데려갈 테니 오늘 꼭 떠나야 한다고 막무가내다. 한 반장 내외분은 우리가 잘 보살폈다가 내일 보내드릴 테니 걱정 말고 떠나라고 야단이다. 어머니는 어쩔 수 없이 우리들만 데리고 안내자를 따라나섰다.

해변가에 있는 빈집에 가서 시간을 기다리는데 우리만 가는 것이 아니라 일행이 열여섯 명이다. 안내자는 돈을 벌기 위해서 이남 가는 사람들을 모았다. 그런데 네 살 된 동생이 갯벌이 험하고 미끄러워서 못 간다고 한다. 우리가 당황하고 있을 때, 평양에서 온 청년이 자기가 업고 가겠다고 나섰다. 광목으로 동생과 한 몸이 되게 꽉꽉 묶고는 "너와 나는 같은 운명이다."라고 한다. 정말 고마운 사람이다. 오빠는 여섯 살 된 동생 손을 잡고 나는 지팡이를 짚은 어머니 손을 잡았다.

오빠 등에는 값진 것이라고 은수저 몇 벌을 배낭에 넣어 메었고 내 등에는 쟁개비(냄비의 황해도 사투리) 속에 엿반대기 몇 개를 넣어 양쪽 손잡이에 끈을 달아서 어깨에 메어 주셨다. 이북사람들은 엿을 비상양식으로 준비한다. 어머니는 우리도 모르게 엿을 준비해 놓으셨던 것이다.

안내자는 몇 가지 주의를 주었다. 대열에서 떨어졌다고 소리를 지르면 절대로 안 되며, 안내자가 걸으면 걷고 손짓하면 앉으라고 하였다. 바다를 지키는 경비의 눈을 피해서 가는 것이기 때문에 조용히 따라와야 된다고 하였다. 우리는 갯벌에 들어서자마자 미끄러워서 넘어지고 또 넘어졌다. 수도 없이 넘어지면서 갯벌이 신발과 옷에 묻어 무거워서 하나씩 벗어던졌다. 얼마나 빨리 가는지 노상 뛰다시피 하였다. 안내자가 손짓하면 앉았다가 또 뛰어가야 한다. 안내자가 길을 잘못 들어, 쑤욱 빠지는 늪을 건너게 되었다. 어머니가 걱정이었는데 신기하게도 어머니는 지팡이를 짚고 절룩거리면서 뛰시는 것이다. 사람이 유사시에는 4배의 힘을 발휘할 수 있다더니 어머니를 보고 실감할 수 있었다. 우리가 가는 목적지는 나무가 없는 돌섬이다. 그곳에서 배가 기다린다고 하였다. 그런데 부지런히 뛰어가서 보면 나무가 무성한 섬이다. 다시 제자리로 와서 반대쪽으로 갔다. 또 나무가 있는 섬이 나왔다.

시간은 가는데 돌섬을 못 찾고 우왕좌왕하고 있으니 큰일이다. 여섯 시간이 되면 물이 들어온다. 우리는 매우 초조하고 불안하여 견딜 수가 없었다. 그때 동생을 업은 청년이 안내자의 따귀를 때리며 "돈에 눈이 어두워 알지도 못하면서 우리를 모두 물귀신 만들려고 하느냐?" 하며 무섭게 소리쳤다. 그러면서 "여러분, 이제는 되돌아갈 시간도 없고 하니 안 가본 길로 가봅시다." 하며 앞장을 섰다. 우리도 안내자도 그 청년을 따라갔다. 늪을 몇 개나 건넜는지 모르겠다. 마지막 늪을 건널 때 오빠가 늪 가운데서 나오지 못하고 몸이 빠지고 있다. 누구도 구해줄 수 없는 처지다. 안내자가 등짐을 벗으면서 발로 밀어 넣으며 올라오라고 가르쳐준 덕분에 겨우 빠져나왔다. 멀리 안개 같은 것이 보여 저것이 돌섬이냐고 안내자에게 묻자 맞다고 하였다.

우리는 그야말로 있는 힘을 다하여 뛰었다. 돌섬 가까이 오니 총을 멘 두 사람이 돌섬에서 왔다 갔다 하고 있다. 안내자는 가끔씩 인민군들이 돌섬에 대기하고 있다가 이남 가는 사람을 잡아간다고 하였다. 우리는 이제 살았구나! 했는데 또 난관에 빠졌다. 목적지를 눈앞에 두고도 갈 수가 없었다. 안내자가 모두 앉아서 움직이지 말라고 한다. 그리고 얼마를 있었는지 너무 추워서 이빨 부딪히는 소리만 딱 딱 딱 들린다. 좀 더 있으니 발등에 물이 지나가고 있었다. 여기서 이 정도면 돌섬 가까이에 있는 갯골에는 물이 깊다고 했다. 이젠 어쩔 수 없이 돌섬으로 가는데 아까 봤던 사람들은 보이지 않았다. 사람들은 손을 잡고 아이들은 어른들 사이에 끼어 바닷물이 내 머리 위로 지나가고 물을 먹으면서 돌섬으로 기어 올라갔다. 신의주에서 오신 아주머니의 여섯 살 된 딸이 물을 많이 먹어서 올챙이처럼 배가 볼록하고 정신을 잃었다. 사람들이 엎어놓고 등을 치고 뉘어 놓고 배를 누르니 울컥울컥 물을 토해 내더니, 정신이 돌아왔다.

아까 본 두 사람은 인민군이 아니고 삿대를 메고 우리를 마중 나온 뱃사공이라고 한다. 안내자의 잘못 판단으로 물귀신이 될 뻔하였다. 뱃사공은 기다려도 우리가 안 오니까 타고 온 배로 돌아간 것이라고 했다. 돌섬에서는 사방이 수평선만 보일 뿐 우리가 어디로 왔는지조차 알

수 없었다. 저 멀리 성냥갑만 한 물체가 배라고 한다. 사람들이 옷을 벗어 흔들어도 꼼짝도 안 한다. 여섯 시간 후면 썰물이 시작된다. 물이 나갈 때까지 기다리는 동안 쟁개비 속의 엿을 꺼내어 조금씩 나누어 먹었다. 어머니께선 쟁개비를 버리라고 몇 번씩 말씀하셨는데 끝까지 메고 오길 잘했다고 생각했다.

물이 거의 빠져나가자 우리는 배를 향하여 또 뛰기 시작하였다. 엎치락뒤치락하면서 앞 사람만 보고 뛰었다. 우리가 배에 가까이 왔을 때 물이 들어오기 시작하였다. 아이들은 어른들이 배 위로 던졌다. 어른들도 아슬아슬하게 전원이 배에 탔다. 이제는 '안심이다' 하고 마음의 긴장이 풀리니, 몸이 여기저기 따끔따끔 아파온다. 게 껍질, 조개껍데기, 날카로운 돌에 찔려서 피가 나고 쓰리다. 배가 너무 고파서 꼬르락 소리가 난다. 뱃사공이 보리밥 한 덩어리와 새우젓을 조금씩 나누어 주었는데 너무 맛있었다. 조금 있으면 남한에 도착할 것을 생각하니 꿈만 같았다. 두고 온 언니 생각이 간절하였다. 깊은 밤에 배 위에서 바라보니 은빛 고기들이 춤추듯이 위로 펄쩍 뛰어올랐다가 물속으로 사라진다. 캄캄한 바다 위로 달빛만이 길을 안내해 주듯 배가 미끄러져 간다. 다음 날 저녁때쯤 민법이라는 섬에 도착하였다. "이남에, 다 왔습니다." 하는 뱃사공의 목소리가 들렸다. 둑 위에는 철모를 쓴 헌병들이 총을 메고 쭉 서 있었다.

아버지와 상봉

이남 땅! 말만 들어도 가슴이 뛴다. 아버지를 만날 것을 생각하니 너무너무 가슴이 벅차오른다. 우리 일행은 사무실로 안내되어 아버지 사진을 보여주고 우리 아버지라고 말했더니 '최 대장'이라는 분이 "아유, 한 선생님 가족이 오셨군요. 그렇게 애타게 기다리시더니, 정말 잘 오셨습니다." 하고 정중하게 맞아주셨다. 그리고 우리 식구들만 최 대장 집으로 안내해 주었다. 보리밥과 새우젓 등으로 저녁밥을 맛있게 먹고 밖에 나와 민법 섬을 한 바퀴 구경하는데, 조용하고 바닷물 소리만 철썩거린다. 몇 시간 전만 해도 이북 땅에서 헤매었는데 이남이라니 정말 꿈만 같다.

민법에는 25가구가 산다고 하며 자리를 깔고 새우를 말리는 곳이 많이 눈에 띄었다. 곳곳에 주렁주렁 예쁜 감나무가 많아 아름다운 풍경이 보기 좋았다. 최 대장님이 아버지께 전보를 쳐 주어 다음 날 아버지가 오셨다. 얼마 만인가? 아버지를 보는 순간 울음부터 나왔다. 아버지께서는 얼마나 고생들 했느냐며 모두 안아주셨다. 언니가 없는 것을 금방 아신 아버지께, 어머니는 자초지종을 모두 말씀드렸다. 아버지는 몹시 안타까워하시며 "빨리 안내자를 보내 언니를 데려와야 한다."고 말씀하셨다.

같이 온 사람들은 밤새도록 조사를 받고 인천으로 넘겨졌다고 했다. 우리와 같이 고생을 하고 왔는데 우리만 대접받는 것 같아 미안한 마음이 들었다. 우리 동생을 업고 온 청년한테 고맙다는 인사도 못하고 헤어져서 지금도 옛날이야기를 할 때마다 그 청년 이름이나 알아둘 걸 하고 아쉬워한다. 아버지께서는 우리가 구사일생으로 삼팔선을 넘어온 것이 천지신명이 도우셨다고 하셨다. 아버지도 죽을 고비를 몇 번씩 넘기고 우리도 이북에서 공산당원의 감시 속에서 무서움에 떨며 모든 역경을 이겨내고 넘어온 것이 얼마나 감사한지 모른다고 하셨다.

우리를 데려온 안내자는 다시 언니를 데리러 이북으로 넘어갔다. 아버지께서는 오로지 가족을 구출해야겠다는 결심으로 여러 명의 안내자들에게 돈이 많이 들어가서 모아진 돈이 없다고 하시며 부산에 계신 큰외삼촌댁에 원조를 구하러 내일 떠나신다고 하셨다. 아버지가 부산에 다녀오시는 동안 우리는 최 대장 집에 머물러 있기로 하였다. 밤새도록 부모님의 대화를 들으며 나는 아버지를 따라가야겠다는 마음을 먹었다. 외삼촌댁에 가면 여기보다는 훨씬 좋을 것 같고 여기는 식구 하나 줄이면 없는 형편에 좀 보탬이 될 것도 같았다.

새벽에 일찍 일어나 아버지가 타고 가실 똑딱선(배)에 미리 가서 타고 있었다. 부모님도 어쩔 수 없이 허락해 주셨다. 똑딱선을 타고 '삼산'이라는 섬에서 내려 아버지 아시는 분 댁에 가서 점심을 먹고 인천으로 가는 배를 탔다. 굉장히 큰 배다. 뱃고동 소리도 부웅~ 하며 아주 위엄 있게 들렸다. 아버지께서 마른오징어를 사 주셔서 조금씩 먹으며 푸른 바다와 흰 파도를 보면서 생각에 잠겼다. 언니는 어떻게 되었을까? 우리가 떠난 걸 알고 얼마나 놀랐을까? 자꾸 언니 생각에 눈물이 나왔다.

배는 어느새 인천에 도착하였다. 날이 어두워 인천 여관에서 잠을 자게 되었다. 여관에는 이불도 주지 않아서 아버지는 아버지의 잠바를 나에게 덮어주셨다. 다음 날 부산 가는 기차를 탔다. 산과 들과 전신주들을 뒤로 하며 기차가 달리는데 기분이 좋아서 아버지 따라오기를 매우 잘했다고 생각하며 바깥 경치를 구경하였다. 여기는 전쟁이라는 기분이 전혀 없다. 지금 생각하니 휴전 직전이라 그랬나 보다. 그때가 1952년 늦은 가을 11월쯤으로 기억된다.

큰외삼촌댁

부산 동대신동에 사시는 큰외삼촌댁에 도착했다. 모두 우리를 반겨 주셨다. 이북에서 외할아버지는 지주이셨는데, 6·25 사변이 터지기 직전에 외할아버지께서 식구들을 모두 데리고 월남하셔서 큰외삼촌은 부산에 살고 계신다. 외삼촌은 세관에 다니시고 외숙모가 손재주가 좋아서 여러 색깔의 담요로 세라복을 만들어 국제시장에 납품을 하신다. 일하는 사람들이 여섯 명, 부엌 살림하는 아주머니, 외숙모 부모님과 같이 사신다. 아버지는 다음 날 동생들의 세라복과 담요와 외삼촌이 주신 돈을 가지고 민법으로 떠나셨다.

외삼촌댁은 아주 부자라고 생각되었다. 팥을 둔 쌀밥에 갈치구이, 김, 오징어볶음, 콩나물 등 눈이 놀랄 정도로 진수성찬이다. 외삼촌과 외숙모는 그 맛있는 밥을 남기시며 나보고 더 먹으라고 하셨다. 정말 꿀맛 같은 밥이라 숟갈 놓기가 싫었지만 흉보실까 봐 "잘 먹었습니다." 하고 수저를 놓았다. 나는 그곳에서 심부름도 하면서 사람들과 친해졌다. 굶주렸던 우리 가족이 생각났다. 나 혼자만 잘 먹고 편한 것 같아 가족에게 미안한 생각도 들었다. 외숙모 부모님께 할아버지 할머니라고 부르며 잘 따랐고, 할아버지 할머니도 나를 귀여워해 주셨다.

할아버지 할머니가 세라복을 가지고 국제시장에 가실 때 나도 따라가 보았다. 국제시장은 사람들이 바글바글했고, 이북 말씨 쓰는 사람도 많았으며, 부산 사투리는 무슨 말인지 전혀 알아들을 수가 없었다. 옷가게마다 물건을 나누어주고 돌아오면서, 해삼을 사주셔서 처음으로 먹어보았다. 시커멓고 징그럽게 생긴 것이 물속에서 꾸물꾸물하는 것을 칼로 썰어서 접시에 놓았는데도 계속 움직인다. 초고추장에 찍어서 눈 감고 먹었다. 생각보다 딱딱하고 먹을 만했다. 그 후로 국제시장에 갔다 올 적마다 해삼과 멍게를 사 주셨다. 외삼촌댁에서 잘 먹고 마음이 편해서 살도 많이 쪘다.

그곳에서 겨울을 나고 그다음 해 1953년 3월, 외삼촌은 집에 가서 학교에 다녀야 된다고 청주로 데리고 오셨다. 나는 그동안 학교라는 것을 까맣게 잊고 있었다. 이북에서 일 학년 다니며 색종이 접던 일 고기잡이 노래 부르던 일이 생각났다. 그러던 중 6·25 사변이 터지는 바람에 내 머릿속에는 비행기 소리만 나면 솜이불 들고 방공호로 뛰어가 숨던 일, 밤이면 개미 새끼까지도 보이게 하늘에다 환한 조명탄을 달아놓고 비행기가 폭격하던 때며, 인민군의 무서운 얼굴, 여름이나 겨울이나 항상 쐴라 대며 물을 끓여 먹는 중공군들이 생각났다. 청석두리에 있는 우리집은 인민학교 폭격할 때 같이 폭격되어 건물은 흔적도 없어지고 아주 큰 구덩이만 생겼다. 무서움에 떨던 이북에서의 생활이 주마등처럼 지나갔다.

청주에서의 학교생활

청주에 '교향악기점' 간판이 붙어 있는 집이 바로 우리 집이다. 작은 가게 하나에 방이 하나 딸려 있다. 살림이 매우 어려웠다. 아침에 보리밥 한 그릇과 소금 몇 톨로 점심까지 해결해야 한다. 교회에서 피난민에게 주는 우유죽을 타다가 먹기도 하였다. 다시 배고픈 생활이 시작되었다.

이북으로 언니를 데리러 간 안내자는 소식도 없고 생사도 모른다. 그래서 아버지는 돈을 버는 대로 안내자를 사서 이북으로 보냈기 때문에 생활이 정말로 곤란했다. 청주 석교국민학교에 동생은 일 학년, 나는 사 학년, 나이에 맞춰 입학했다. 오빠는 중학교 일 학년에 들어갔다. 6·25 사변으로 인하여 한글을 터득하지 못한 내가 제일 문제가 되었다. 아무것도 모르는 처지에서 4학년 공부하기란 어려웠다. 그래서 학교에 갔다 오면 아버지는 한글과 구구단 및 산수 공부를, 어머니는 한문과 주판을 가르쳐 주셨다.

일 학기는 내내 헤매다가 이 학기에 겨우 따라가기 시작했다. 여자 담임 선생님께서 친절하게 가르쳐 주시고 격려해 주셔서 많이 향상되었다. 오 학년도 여자 담임 선생님이신데 특히 무용, 음악을 잘하셨다. 그 당시 즐겁고 재미있게 지도해 주신 결과 나에게도 취미가 붙어 지금도 무용, 음악을 좋아한다. 4학년, 5학년 선생님의 친절하고 열성적인 가르침은 나중에 나의 교직생활에도 좋은 영향을 주었다.

언니가 왔다

비가 올 때나 눈이 올 때나 어머니는 언니 생각에 언제나 눈물을 지으시며 사셨다. 내가 살아도, 죽어도 한이 된다며 언니가 어떻게 되었을까, 늘 한숨만 쉬셨다. 내가 육 학년이 되어 아침에 학교에 가려고 할 때 전보가 왔다. 전보 내용은 '딸 월남 도착'이라고 쓰여 있다. 전보를 보낸 사람은 인천 조사기관에서 근무하는 아버지의 제자 길 씨이다. "언니가 이남에 왔다"고 말씀하시는 아버지의 목소리는 떨리고 완전히 흥분된 외침이었다. 우리 식구 모두 기쁨의 눈물을 흘렸고 아버지는 즉시 동대문 서에서 형사로 근무하시는 셋째 외삼촌과 같이 인천 조사기관으로 가서 신원을 밝히고 언니를 데리고 오셨다.

언니를 보는 순간 아주 딴사람같이 보였다. 키도 크고 살도 찌고 머리도 길어서 몰라보게 달라졌다. 우리는 부둥켜안고 울고 기뻐서 또 울었다. 언니는 어린아이처럼 엉엉 소리 내며 한참을 울었다. 언니와 헤어진 것이 1952년 가을이었는데 지금은 1955년 여름이다. 햇수로는 삼 년이지만 십 년도 더 지난 것 같다. 그야말로 우리 가족 모두가 한곳에 모였다. 어머니께선 "하나님, 감사합니다." 하시며 "고생 끝에 낙이라고 하더니, 이런 기쁜 날이 올 줄이야" 하시며 언니의 손을 잡고 보고 또 보셨다. 그때의 감격을 생각하면 지금도 가슴이 뛴다.

북한에 혼자 남겨진 언니

우리를 데려온 안내자는 이북에 가서 언니를 만났는데 돈을 더 벌기 위해 이남 갈 사람들을 여러 명 모았다고 한다. 이남 가는 배와 약속한 날, 사람들을 해변가 근처에 있는 아직 벼를 베지 않은 논 속에 숨어 있게 하다가 안내자가 '에헴' 하고 기침소리를 내면 일어나서 같이 가기로 했다고 하였다.

안내자가 연안에서 친구를 만났는데 그 친구가 "너, 이남 갔다더니 언제 왔니?" 하고 묻자, 친구가 빨갱이인 줄 모르고 이남 갈 사람들을 데리러 왔다고 하면서 그 친구에게 사실대로 모두 말했다고 한다. 그 친구는 보안서에 신고하고 보상금을 탔다고 하였다. 경찰은 논에 숨어 있는 언니와 일행들을 모두 잡아가고 경찰이 논 속에 숨어 있다가 안내자가 나타나자 붙잡아서 보안서로 끌고 와 언니 일행들 앞에서 총살하였다고 했다. 일행들은 병신되리만큼 모진 매를 맞고 갇혔으며, 언니에게는 "너를 버리고 간 것이 부모냐? 여기서 우리와 같이 살자."고 하면서 다시는 이남으로 넘어가지 말라고 훈계만 하고 내 보내주어, 다시 한 반장님 댁으로 가서 다음 기회를 갖기로 하였다고 했다. 언니는 심부름도 하고 아이도 봐주면서 지냈단다.

추운 겨울, 이남 가는 남자를 따라 네 명이 우리처럼 바다로 오던 중 초입새에서 보초병한테 걸렸다. 웅덩이 물속에 들어가 숨었는데 얼마나 추웠던지 옆에 있던 애기 업은 여자가 얼어 죽어서 물 위에 떴고, 언니도 정신이 아물아물한데 보초병이 와서 "안내자 나와! 하니까 안내자가 터덜터덜 앞으로 걸어 나가자마자 총살하고 "또, 나와!" 할 때 나도 저렇게 죽겠구나! 하고 언니가 앞으로 나갔더니, 보초병 두 명 중 한 사람은 죽이자 하고 또 한 사람은 끌고 가야 된다고 우겨서 언니는 지난번 끌려갔던 보안서로 또 끌려갔다고 했다.

그때의 경찰이 언니를 알아보고 "너, 약속을 안 지켰으니, 어디 한번 맛 좀 볼래?" 하면서 총알 껍데기를 손가락에 끼우고 손가락을 비틀어 피가 나고 뼈가 으스러지는 것 같아 죽을 뻔했다고 하였다. 그리고

"너, 다음에 또 넘어가다 걸리면 그땐 총살이다." 하고 냄새 고약한 방공호 속에 가둬 놓고 삼 일 있다가 죽기 직전에 내보내 주었다고 한다. 너무 혼이 나서 다시 월남할 용기가 안 났다고 했다.

다시 한 반장님 댁으로 가서 살면서 그다음 여름에 장티푸스를 앓아다 죽게 되었는데 한 반장님 내외가 간호를 아주 잘해 주셨다고 했다. 수저와 그릇을 꼭 삶아서 소독하고 미음과 죽을 끓여서 먹여 주셨으며 온갖 정성을 다해 간호해 주셨고 이웃집에 나만 한 여자아이가 매일 밭에서 무를 한 개씩 뽑아다가 줘서 무 속을 숟갈로 긁어먹어서 살아났다고 했다. 장티푸스에 무 속을 먹어서 소화가 되면 산다고 했다. 이웃집 여자아이와 한 반장님 내외는 천사들이라고 하였다.

몸이 좀 회복되자, 다시 월남할 기회를 보고 있는데, 한 동네 여자친구 오빠가 대한민국 국군이라며 동생을 데리러 온다고 했다. 언니가 같이 가자고 했더니 위험해서 안 된다고 하는 걸, 졸졸 따라다니며 졸랐더니, 허락했다고 한다.

'이번에 가다가 들키면 난 죽는다. 그렇지만 난 부모를 찾아가야만 해.' 하며 결심을 하고 따라나섰다고 했다. 친구 오빠는 육로를 통해 가는데 펜치로 지뢰 선을 뚝뚝 끊으며 오빠가 밟은 곳만 밟으라고 했단다. 한참을 긴장하고 정신없이 따라갔는데 어느새 이남 땅이라고 한다.

그런데 갑자기 헬리콥터가 세 사람 앞에 내려오더니, 미군이 내려와 타라고 하여 무섭기도 했지만 어쩔 수 없이 헬리콥터를 타고 인천 조사기관에 왔다고 했다. 조사를 받고 신원이 확인되면 나가게 될 것이라고 하였단다. 각각 독방을 주고 식사는 영양가 있고 맛있는 고기 종류를 주어 그곳에 있는 동안에 살이 많이 쪘다고 하였다. 소설책을 넣어 주어 책도 많이 읽었다고 했다.

한 달이 지나도 신원이 풀릴 길이 없어 고민하다가 부모님한테 어렴풋이 들은 말이 생각나서 지키는 경비한테 외삼촌이 동대문경찰서에 계실지 모른다고 하였더니, 외삼촌뿐만 아니라 아버지 성함과 직업을 말하라고 하여, 아버지는 해주사범학교 교사였다고 대답했다고 했다. 그 경비는 옆에 있는 경비한테 오라고 하더니.

"길 씨, 당신이 황해도 해주사범학교에 다녔다고 했지? 한병희 선생님이라고 들어 봤나?" 하고 묻는다. 길 씨는 "그분은 나의 선생님이시고 내가 제자야" 이렇게 해서 제자인 길 씨가 청주에 계신 아버지께 전보를 쳤던 것이다.

아버지께서 그렇게 많은 안내자를 보냈지만, 언니와 손길이 닿지 않았다. 부모와 형제를 꼭 만나야 한다는 언니의 끈질긴 노력으로 월남에 성공한 것이다.

아버지의 회갑잔치

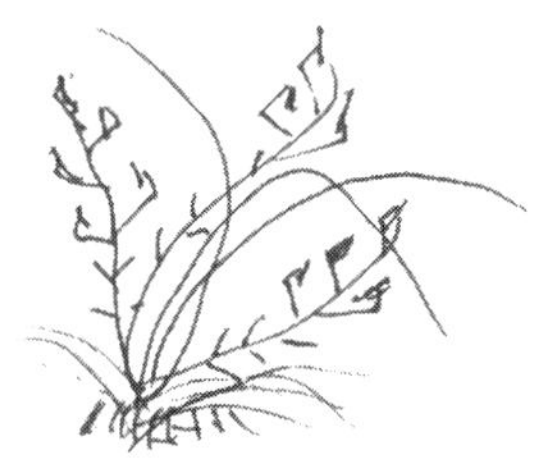

이남에 온 지도 오랜 세월이 흘렀다. 신흥사에서 아버지 회갑잔치를 하게 되어, 월남하신 고향 분들과 아버지 친구분들을 초대했다. 친구분 중에는 초등학교 교장선생님으로 계시는 분이 많았다. "병희야, 네가 제일 부럽다. 가족들이 다 모였으니, 얼마나 좋으냐? 정말 축하한다." 하면서 진정으로 축하해 주셨다. 이북에 두고 온 가족들이 생각난다고 눈시울까지 적시는 분도 계셨다. 친구분들은 단신으로 넘어와 이남에서 다시 결혼하셨다고 했다. 내가 생각해도 우리 아버지는 정말, 가족 사랑이 대단히 크셨으며 그 큰 사랑의 힘으로 어둡고 무서운 동토의 땅으로부터 우리 가족을 구출하셨다. 누구도 감히 할 수 없는 공산 치하에서의 가족 구출은 우리 아버지의 가족 사랑의 결정체이다.

남북통일이 되기를 그렇게도 염원하셨건만 통일을 보지 못하시고 87세의 일기로 세상을 뜨셨다. 통일전망대에서 건너편 이북 땅을 하염없이 바라보시던 아버지가 지금도 눈에 선하다. 하늘에서도 고향땅을 바라보실 수 있게, 통일동산에 있는 동화경모공원의 황해도 자리에 잠드시게 했다. 북한에서 굶고 설움 받는 북한 동포들이 하루속히 남북통일이 되어, 따뜻한 자유대한의 품에 안겨 다 같이 잘 살았으면 좋겠다. '아버지, 정말 고맙고 감사합니다.' 안방에 걸린 가족 사진에서 매일 아버지의 모습을 보며 그리워하고 편히 잠드시기를 기도한다. 아버지는 돌아가셨지만, 아버지의 굳은 결심과 강인한 정신은 우리 가슴속에 영원히 살아남을 것이다.

올해 95세인 어머니는 기억력은 좀 흐려지고 잘 걷지를 못하시나 건강하신 편이다. 모두 아버지 덕분에 이남 땅에 와서 마음껏 자유를 누리며 활발하게 살아가고 있다. 언니는 사업가, 오빠는 의사, 나는 초등학교 교사로서 정년퇴임까지 했다. 앞으로의 여생은 건강하게 운동하고 봉사하면서, 보람 있는 인생으로 살고자 노력한다.

- 6.25 사변 60주년을 맞이하면서 (2010. 4)

언니

6·25전쟁이 터지기 전에 언니는 중학교 3학년 재학 중이었다. 남녀공학 학교에서 항상 일등으로 성적이 우수했단다. 외출할 때는 언제나 책 한 권을 들고 다녔다. 언니의 그런 모습이 좋아서 언니가 나갈 때는 잘 따라다녔다.

오늘도 언니가 책 한 권을 들고 나가는 걸 보고 재빨리 따라나섰다. 넓은 개울가에 토끼풀이 무성하게 자라서 꽃이 피어 눈송이처럼 예뻤다. 토끼풀밭에 언니가 앉았다. 나도 옆에 나란히 앉았다. 언니는 토끼풀꽃과 잎사귀를 따서 책갈피에 넣었다. 나는 토끼풀꽃을 따서 반지를 만들고 있었다. 언니가 보더니 내가 만들어 줄게 하면서 토끼풀꽃 반지를 많이 만들어 손가락마다 끼워 주었다. 팔찌도 만들고 머리띠까지 만들어 나를 토끼풀꽃 공주처럼 꾸며 주었다. 싱싱한 토끼풀꽃의 향기가 스며들어 노래를 부르며 좋아했다. 언니도 반지를 만들어 손가락에 끼고는 노래를 부른다. 노래를 좋아하고 잘 부르는 언니였다. 나도 따라 부르니 기분이 상쾌했다. 언니가 노래할 때마다 따라 불러서 아는 노래가 많았다. 특히 언니가 좋아하는 노래는 사우(동무 생각)다. 그 시절을 생각하며 「사우」 노래를 불러본다.

> 봄에 교향악이 울려 퍼지는 청라언덕 위에 백합 필 적에
> 나는 흰 나리꽃 향내 맡으며 너를 위해 노래 노래 부른다
> 청라언덕과 같은 내 맘에 백합 같은 내 동무야
> 네가 내게서 피어날 적에 모든 슬픔이 사라진다.

여름 어떤 날 새벽 언니는 가만히 책 한 권을 들고 나가는 것을 보았다. 내가 깰까 봐 아주 조용히 문을 닫고 나간다. 그 모습을 본 나도 얼른 일어나 언니를 놓칠까 봐 허둥지둥 따라갔다. 언니는 쏜살같이 개울가로 간다. 개울을 건너서 크고 넓적한 바위 위에 앉아서 책을 보고 있다. 이른 새벽이라 개울에는 언니와 나뿐이다. 언니는 동생이 따라온 것을 알면서도 체념한 듯 뭐라고 하지도 않는다. 아마 속으로는 동생이 지겹게도 따라다닌다고 했을 것이다. 공기도 시원하고 물소리도 잔잔하게 들렸다. 언니는 책을 읽다가 노래도 하고 또 책을 읽는다. 그런 언니를 보는 것이 좋았다. 노래할 때는 따라했으니까 심심하지도 않았다. 난 왜 이렇게 언니를 따라다니는 것이 좋았는지 모르겠다. 그냥 언니 따라다니는 것이 제일 재미있었던 것이다. 언니가 잘 부르는 가요 같은 노래가 있다. 왠지 나도 그 노래가 좋았다. 생각났을 때 한번 불러본다.

> 달빛에 돌고 있는 대동강 다리 위에 나 홀로 걸어가는 그리운 나의 고향
> 언제나 가려나 그리운 어머니여 고향에 어머니는 이런 줄 아시나요

그렇게 아침마다 며칠을 따라다니던 어느 날 우리가 앉아 있는 바위 아래 물속에 구렁이가 서려 있는 것을 보고 얼마나 놀랐는지 다음부터

는 따라가지 않았다. 어린 시절 이북에서 언니와의 추억이다.

그 후 6·25전쟁이 일어나면서 모든 것이 깨지고 판국이 달라졌으며 그래도 고생 끝에 지금은 같은 하늘 아래 서울에서 잘 살고 있다. 6·25 얘기는 생각도 싫다면서 못하게 한다. 그만큼 6·25가 사람을 바꿔 놓았다. 작년에 고관절수술을 하여 지팡이에 의지하여 걸으나 완전히 회복되면 잘 걸을 것이다. 워낙 노래를 좋아하고 잘해서 젊은 시절에는 재령군에서 개최한 노래자랑에서 최우수상을 받은 적도 있다. 지금은 86세로서 가요무대, 노래자랑을 즐겨 보며 지낸다. 그래도 언니와 함께 살아가고 있다는 것만으로도 마음의 의지가 된다. 조카(언니의 자녀들)들도 훌륭하게 잘 되어 언니는 성공한 인생이라 생각한다. 오래오래 동생들 곁을 지켜주기 바라는 마음 간절하며 언니를 졸졸 따라다니던 그 시절이 다시 한번 돌아와 봤으면 좋겠다.

(2020. 7)

고향

북쪽으로 흘러가는 탐스러운 구름을 보면서 고향 생각이 났다. 저 구름은 마음대로 북녘 하늘을 갈 수 있으니 얼마나 좋을까. 문득 북한에서의 어린 시절이 영화처럼 지나간다.

아이들과 가재를 잡으러 주전자를 들고 냇가로 갔다. 얕은 시냇물 돌 틈에 숨어 있는 꽤나 큰 가재를 발견하고 손으로 덥석 잡는 순간 엄지손가락이 가재의 집게발에 꽉 물렸다. 얼마나 아픈지 앙앙 울고 말았다. 지나가는 초등학교 오빠 같은 학생들이 와서 가재를 떼어 주전자에 넣어주며 달래주었다. 또 여름에 언니는 새벽에 책 한 권을 들고 시냇가로 간다. 따라갔다. 언니가 가는 곳은 어디든 악착같이 따라다니곤 했다. 그러던 어느 날 언니가 앉아 있는 바위 아래 물속에 큰 구렁이가 서리고 있는 것을 본 다음부터는 언니를 따라가지 않았다.

또 해주로 이사 온 지 얼마 안 되어 시장 가시는 엄마를 몰래 따라가다가 그만 놓쳐버렸다. 집으로 가려니 도무지 생각이 나지 않았다. 날은 어두워지고 점점 무섭기 시작했다. 그때가 여섯 살쯤 되지 않았나 싶다. 엄마도 안 보이고 길도 몰라서 엉엉 울면서 걸었다. 자전거를 타고 지나가던 집배원 아저씨가 왜 우느냐고 묻는다. "엄마를 놓쳤어요." 라고 했다. 아버지 이름이 뭐냐고 해서 대답했더니 "오! 한 선생님 딸이네!" 하면서 자전거 꽁판에 태운 다음 쏜살같이 집으로 데려다주었다. 참 고마운 아저씨였다. 집에서는 아이를 잃어버렸다고 방송국에 신고하였단다. 이것은 북에서의 유년시절 추억이다.

그러자 6·25가 터졌다. 그때부터는 '우르릉' 비행기 소리가 끊이질 않았다. 밤에는 하늘에 조명탄을 달아놓고 폭격을 하면, 솜이불을 들고 방공호로 뛰어가서 숨어야 했다. 6·25사변의 삼 년 세월을 북에서 보냈으니 무서운 기억들이 많을 수밖에 없다. 그 후 세월이 많이도 흘렀다.

남한에 와서 처음으로 정착한 곳이 청주다. 학교도 다니고 터전을 잡아 살게 되니 '고향이 별거더냐 정들면 고향이지' 하는 노래 가사와 같이 청주가 제2의 고향이 되었다. 학교가 좀 멀었지만 도중에 아름다운 '무심천다리' 위를 걸어가는 것이 좋아서 지루하지가 않았다.

여름이면 달밤에 그 다리 아래에서 멱을 감다가 종아리가 거머리에게 뜯겨 피가 흐르던 기억도 났다. 또 입학시험을 앞두고 촛불을 켜놓고 공부하던 6학년 때의 교실, 가을운동회 때 꽃을 들고 무용하던 정다운 운동장 등이 그리웠다. 여름 방학이면 곤충채집, 식물채집을 한다고 들로 산으로 매미채를 들고 뛰어다니던 일이 아름다운 추억이 되어 청주가 진짜 고향처럼 느껴진다. 누가 고향이 어디냐고 물으면 청주라고 대답할 때도 있었다.

그래도 내가 태어나고 유년시절을 보냈던 그곳 북한 땅! 싱아를 꺾어 먹고 머루 다래를 따먹으며 넓은 시냇가에서 미역 감던 추억이 있는 북한의 진짜 고향이 그립기도 하고 꼭 가보고 싶다.

명절에는 대부분의 사람들은 고향을 찾는다. 민족의 대이동이다. 도로가 메이고 고향에 대한 그리움으로 귀성전쟁이랄 만큼 도로가 아우성친다. 그러나 찾아갈 고향이라도 있어서 그 대열에 낄 수 있다면 참 좋겠다.

고향은 부모님께서 더 간절하게 그리워하셨다. 오두산통일전망대에서 북녘땅을 하염없이 바라보시던 아버지의 쓸쓸한 뒷모습이 엊그제같이 떠오른다. 통일을 그렇게도 애타게 그렸건만 결국 보시지 못하고 세상을 뜨셨다. 두고 온 이산가족이 있는 것도 아니지만 태어나고 어른이 되어 활동하던 무대가 고향이기에 더욱 간곡한 것이 아닌가! 나로서는 이남에 와서 처음 살았던 청주가 정말 고향 같다. 그리울 땐 언제나 갈 수 있고 그곳의 친구들과 유선으로 대화도 할 수 있다. 봄, 가을에 열리는 동창회에 참석하여 청주의 변화된 소식을 들을 수 있어서 더욱 좋았다.

그 친구들은 지금도 만나면 여전히 충청도 사투리를 쓴다. '그랬잖여, 그랬어유' 등으로 말을 하면, 오히려 정감이 간다. 처음 서울에 왔을 때 나도 사투리를 많이 써서 무척 부끄러웠었다. 서울에서 정붙이고 오래 살다 보면 먼 훗날에는 서울이 제3의 고향이 되겠지. 실향민들은 통일되기를 눈 빠지게 기다리다가 한 분 두 분 세상을 떠나는 걸 보면 너무나 안 되었다. 통일동산에 잠드신 부모님을 뵈러 갈 때마다 더욱 고향이 그리워진다. 가볼 수나 있을는지….

고향이 그리워도 못 가는 신세 저 하늘 저 산 아래 아득한 천리
언제나 외로워라 타향에서 우는 몸 꿈에 본 내 고향이 마냥 그리워.

아버지의 콧노래가 들리는 듯하다. 부모님께서 그렇게 그리던 고향을 이제는 내가 기다려야 하는 신세가 되었다. 요즘 통일이 곧 될 거라는 말들이 예언에 그치지 말았으면 얼마나 좋을까? 생전에 고향땅을 밟아보는 것이 꿈이 아니라 현실이 되기를 염원한다.

우리의 소원은 통일 꿈에도 소원은 통~일
이 정성 다해서 통일 통일을 이루자
이 겨레 살리는 통일 이 나라 살리는 통~일
통일이여 어서 오라 통일이여 오라

교실에서 아이들과 목이 터져라, 열정적으로 가르치고 부르던 「우리의 소원」 노래가 들리는 것 같은데 세월이 많이도 갔다. 그때는 나도 홍안이었으며 목소리도 아주 우렁찼었지!

흘러가는 저 구름아 고향은 어떤가 말 좀 해다오
우리가 언제쯤이면 고향에 갈 수 있는지도 가르쳐다오
무심한 저 구름아!
애꿎은 구름에게 눈을 흘기며 내려온다

(2015. 9. 16)

제2의 고향 친구들

1952년 가을 이북에서 구사일생으로 넘어와 정착한 곳이 청주였다. 북에서 초등학교 입학 후 얼마 안 되어 6·25전쟁이 터졌으니 나에겐 3년을 피난길에서 지내다가 열 살에 남한에 온 것이다. 다음 해에 아버지께선 아무것도 모르는 딸을 나이에 맞추어 4학년에 입학시켰다. 그 해의 일 년은 정말 부끄럽고 바보 같은 학생으로 다닌 것 같다.

아랫집에 사는 상희는 같은 반인데 체격은 작았으나 순발력 있고 공부도 잘했다. 상희는 8남매 중 셋째 딸이고 치매 걸린 할머니와 목공소 직원들로 식구가 항상 북적거리는 집에서 살았다. 집이 크고 뒤뜰에는 봉숭아, 채송화 등 예쁜 꽃들이 피어 있었다. 여름방학 땐 봉숭아꽃을 따서 손톱에 물들이며 즐거웠고 설날에는 역시 상희네 뒤뜰에서 신나게 널을 뛰며 놀았다. 친구들과 노래를 부르며 고무줄넘기를 하는데 이북에서 부르던 노래를 한다. 아버지께서 북한의 노래를 부르면 안 된다고 하셨는데, 나중에 알아보니 남북이 공동으로 부르는 노래였다.

예를 들면 '아버지는 나귀 타고 장에 가시고…, 퐁당퐁당 돌을 던지자…, 푸른 하늘 은하수' 등이다.

어느덧 중학교 일 학년이 되었을 때 서울로 이사를 가게 되었다. 5년이나 살면서 정들었던 친구들과 청주를 떠나게 되니 몹시 서운했다. 특히 서울이라는 대도시에서 잘 적응할 수 있을까, 걱정도 되고 이사가는 것이 싫어서 가지 말자고 조르기도 했다. 부모님 마음도 헤아리지 못하던 철부지였다. 서울 와서도 청주 친구들이 생각나서 편지로 연락하며 지내왔다. 특히 상희와 정자, 순자를 그리워하며 지내다가 삶이 바빠서인지 편지 왕래도 끊어졌다. 중년이 넘어서게 되어 자식들 결혼시키느라 정신없이 바쁜 세월을 보내면서 어릴 때 친구들도 아스라이 멀어지고 추억으로만 남게 되었다. 청주사범을 졸업하고 청주에서 교직생활을 하다가 서울로 올라온 친구가 여럿 있다. 그 덕에 청주 친구들의 소식을 들을 수 있어서 좋았다.

라일락 향기가 짙은 어느 봄날 상희로부터 전화가 왔다. 너무나 반가운 목소리다. 대뜸 보고 싶으니 만나자고 한다. 상희는 이미 친구들의 전화까지 파악하여 적극적으로 만남을 추진했다. 인터컨티넨탈호텔 로비에서 만나잔다. 그 호텔 뷔페식당에 예약을 했고 너희들에게 줄 선물까지 준비했다며 친구들을 좋은 곳에서 대접하고 싶다고 했다. 정자는 교직생활 중 같은 북부교육청 관내에서 근무했기에 가끔은 만났고 상희도 2013년 딸 결혼식에 참석했었다. 그러면서 5년이 또 흘렀다. 아직 청주에 사는 순자는 친했지만 기억이 잘 안 난다.

약속한 날, 청주에서 올라온 순자는 68년 만에 보는 얼굴이라 몰라봤는데 오히려 순자가 먼저 알아본다. 또한 상희는 선물이 가득 담긴 가방 세 개를 들고 나타났다. 화장품, 스카프, 양말, 비누, 칫솔, 지갑이 있는 가방 등 모두 고가품이었다. 백화점에 올 적마다 우리에게 주려고 한 가지씩 준비했다고 하니 놀라웠다. 뷔페식당 창가에 앉아 음식을 먹으며 각자 살아온 이야기들을 나누는데 순자, 정자는 부부 교사로 살았고 상희는 회계사와 결혼하여 3남매를 낳았다고 했다. 아들 둘은 의사가 되고 딸은 회계사에게 시집보냈다고 자랑 비슷하게 했다. 청주사범을 졸업한 상희는 5년만 교직생활을 했고 결혼 후에는 남편 사무실에서 경리 및 비서로 근무하면서 자녀들을 잘 키웠다.

그리고 아버지가 목공업을 하실 때 배웠는지 헌 집을 매입하여 살기 좋게 고친 후 매매하여 돈을 억척같이 벌었고 또 부동산도 여기저기 많이 사 놓았다고 했다. 상희가 오늘이 있기까지 얼마나 힘든 노력을 하고 살아왔는지 과히 짐작이 간다. 집이 가까우니 잠시 들렀다 가라 해서 방문했다. 대치동의 아파트다. 침대, 식탁, 소파 등의 가구로 공간을 예쁘게 꾸며 놓았다. 냉장고, 냉동고, 김치냉장고에 건어물, 밑반찬, 김치 종류 등이 가득하여 풍요로웠고 부지런한 살림꾼이라고 느꼈다. 말린 곶감과 티베트버섯의 요구르트도 분양해 주며 하나라도 더 주고 싶어 했다. 할머니가 되어 만났어도 어색하지 않고 옛날 청주 시절로 돌아간 것 같아 식탁에 앉아 차를 마시며 상희의 일상을 들었다.

우리들과 만난 후로는 아침부터 새벽 골프 간다, 수영 간다, 등으로 매일 문자가 왔다. 즐거움이 넘치는 것 같다. 상희는 앞으로 모일 때마다 식사는 자기가 대접하겠다고 선언한다. 네 명의 친구 중에 자기가 제일 여유가 있고 우리들에게 돈 좀 쓰고 싶단다. 옛 친구가 얼마나 좋으면 그렇게 말할까? 어린 시절의 친구들이 제일 보고 싶었다고 했다. 그건 너도나도 동감이라고 했다.

내 고향은 황해도지만 아롱다롱 친구들과 꿈과 추억을 심어준 청주는 제2의 고향이다. 할머니가 되어 만나게 된 제2의 고향 친구들의 우정이 오래도록 꽃 피워지기 바란다. 보통 잘 살고 돈이 많으면 오만해지기 쉬운데 상희는 순수함 그 자체이다. 상희의 소망이 이루어지면서 우리도 덩달아 소망을 이룬 것 같아 마음마저 두근거린다. 청주의 순자를 생각해서 다음엔 고속버스터미널에서 가까운 신세계 백화점에서 만나자고 했다. 언젠가는 모임 장소를 청주로 하여 옛날 살던 곳도 돌아보고 싶다. 자리에 누워서도 상희, 정자, 순자의 얼굴을 떠올리며 웃음이 나온다. 어렸을 때의 고향 친구들은 역시 할머니, 할아버지가 되어도 모두 아이들인 것이다.

(2018. 6. 18)

오디

"택배요!" 하는 소리와 함께 택배기사가 묵직한 스티로폼 상자를 안겨 주었다. 동창 경숙이로부터 온 선물이었다. 얼른 뜯어보니 뜻밖에도 새까맣고 탱탱한 오디가 살얼음 속에서 반짝거렸다.

"아! 이 추운 겨울에 오디라니!"

문득 이북에서 정신없이 오디를 따먹던 어린 시절이 떠올랐다. 6·25 전쟁 때 우리 식구는 월남 가족이라 하여 반동분자로 낙인찍혀 집에서 쫓겨났다. 갈 곳이 없어 고민하던 어머니께선 '작은골' 어머니 친정 동네로 우리들을 데리고 가셨다. 그곳은 아주 먼 시골이라 가끔 폭격 소리가 콰앙! 쾅! 멀리서 들려올 뿐 조용하였다. 지주이셨던 외할아버지 땅에서 소작농을 하던 창열이 아저씨 집에서 며칠 동안 머물렀다. 돌 지난 얌전이와 아저씨 부부 세 식구가 살고 있다. 나만 남겨놓고 식구들은 다른 곳으로 떠났다. 아이들이 많아서 잠시만이라도 아저씨 집에 맡겨진 것 같다. 두 동생은 네 살, 여섯 살이니 너무 어렸고, 오빠와 언니는 어머니를 도울 수 있는 나이였다. 아홉 살인 내가 적당했던가 보다. 같이 가겠다고 우는 어린 딸을 떼어놓고 "내일 꼭 올게."라며 떠나시는 어머니의 심정은 오죽했을까.

아저씨 내외는 가족과 떨어져서 슬퍼하는 나에게 뒷마당에서 산딸기를 따다 주며 친절하게 달래주었다. "얌전이를 데리고 놀다가 점심때 밭으로 업고 오너라." 하고 아저씨 내외는 밭으로 일하러 나갔다. 처음엔 어색했으나 얌전이와 웃고 놀다 보니 정이 들었다. 날이 갈수록 얌전이는 엄마보다 나를 더 따랐다.

어느 날 얌전이를 업고 밭으로 가는 길이었다. 저만치 길가에 둥글고 덩치 큰 나무가 까맣게 보였다. 무엇일까? 대낮이지만 인적이 드문 한적한 곳이라 겁이 좀 났다. 긴장을 하고 가까이 가보니 새까만 오디가 다닥다닥 달린 뽕나무였다. 너무 반가웠다. "아! 오디다!" 얼마나 많이 달렸던지 뽕잎은 거의 보이지 않고 까만 오디로 덮여 있었다. 따먹고 또 따먹었다. 까맣게 익은 오디가 어찌나 달콤하고 맛있던지…. 배가 부르도록 따먹었다. 등 뒤에서 쌔근쌔근 잠자는 얌전이도 잊고 있었다. 실컷 따 먹은 후 치마폭에도 가득히 따서 담았다.

한 시간쯤 지났을까? 얌전이는 여전히 고개를 떨구고 자고 있었다. 부지런히 밭으로 갔다. "왜, 이렇게 늦었니?" 아주머니는 잠자는 얌전이를 등에서 받아 풀밭에 앉아서 젖을 물렸다. 얌전이는 잠에 취했는지 눈도 뜨지 않고 젖을 잘 빨았다. 무척 배가 고팠나 보다. 아주머니는 손과 입이 새까매지도록 오디를 따먹다가 늦은 걸 알면서도 야단치지 않았다. 그러나 속으론 얼마나 미웠을까? 아마 어처구니가 없었을 것이다. 잘못했다는 말도 못하고 어린 마음이지만 죄송했다.

내일 온다던 엄마는 아무리 기다려도 오시지 않았다. 식구들이 어디로 갔는지 보고 싶어 밤에는 잠도 설쳤다. 날이 갈수록 얌전이는 무척 잘 따랐고 잠시도 안 보면 보고 싶을 정도로 정이 들었다. 식구들의 그리움도 얌전이와 놀 때는 잊을 수가 있었다. 아저씨는 뒤뜰에 있는 벌통에서 꿀이 들어있는 밀을 꺼내다가 꿀을 내린다. 노란 꿀이 육각형으로 된 밀 안에 가득히 채워져 있다. 아주 신기하게 보고 있는데, 아저씨가 종지에 꿀을 따라서 먹어보라고 주셨다. 향긋하고 달콤한 그야말로 꿀맛이었다. 아저씨가 벌통에서 꿀을 받을 때마다 먹을 수 있었다. 아주머니는 밭일을 끝내고 집에 오면 통밀을 맷돌로 갈아서 쌀을 조금 섞어 밀밥을 했다. 다음 날 얌전이가 낮잠을 자기에 아주머니가 오기 전에 밀을 갈아놓았다. 아주머니는 힘드니까 하지 말라고 했지만, 통밀을 갈면 톡톡 소리를 내며 쪼개져 나오는 것이 재미있어서 자꾸만 했다.

매미 소리도 뜸해지고 아침저녁으로 선선한 초가을이 왔다.

어느 날 오후에 얌전이를 업고 망질(맷돌 돌리기)을 하고 있을 때 언니가 풋사과를 한 광주리 이고 이 동네에 팔려고 왔다가 들렀다. 애기 업고 망질하는 동생을 보고 깜짝 놀란다. “아니, 네가 애기 업고 망질까지 하다니, 당장 집에 가자.”라고 말하는 언니의 눈에 눈물이 글썽거렸다. “언니, 나 힘들지 않아. 재미있어.” 했지만, 언니는 어린아이에게 심한 일을 시킨다고 집에 가자고 했다. 그러면서 사과 한 개를 주고 며칠 후에 오겠다며 돌아갔다. 언니의 마음속엔 어린 동생이 딱해 보였는가 보다. ‘아주머니가 시킨 것이 아닌데….’

며칠 후, 언니가 정말로 데리러 왔다. 얌전이는 안 떨어지려고 매달리며 울어댔다. 그런 얌전이와 헤어지려니 나도 같이 울었다. 만나면 반드시 헤어진다는 회자정리(會者定離)가 바로 이런 것인가! 아저씨 내외에게 인사를 하고 언니를 따라나섰지만, 앙앙 울던 얌전이가 눈에 밟혀 발길이 안 떨어진다. 착한 아저씨 내외가 말없이 꿀을 내릴 때마다 종발에 따라주던 생각이 나서 오랫동안 잊을 수가 없었다.

6·25사변이 터진 지도 어언 60여 년이 흘렀다. 전쟁은 우리들의 삶을 완전히 바꾸어 놓았다. 실향민이 되었지만 인간답게 살 수 있어서 얼마나 다행인지…, 마음은 어린 시절 고향으로 달려가 본다.

아저씨 내외도 생존해 있다면 80세 후반은 되었을 것이다. 얌전이도 육십이 넘은 할머니 나이다. 이제 남북통일이 되어 다시 만난다면 알아볼 수나 있을까? 그래도 통일이 되면 얌전이를 제일 먼저 찾아볼 것이다. 그리고 아저씨 내외에게도 잘 해주셨던 은혜를 몇 배 이상으로 갚아드리고 싶다. 그때 먹은 오디와 꿀이 보약이 되었던지 지금도 건강하다.

뽕나무는 오디뿐만 아니라 이파리와 뿌리까지도 달여서 먹으면 약이 된단다. 남편의 당뇨 때문에 신경 쓰는 친구를 위해서 오디를 보내준 경숙이의 마음씀씀이가 고맙다.

여름철 과일가게에서 까만 오디를 보면 방글방글 웃으며 따르던 얌전이 얼굴이 떠오른다. 문득 얌전이에게 오디를 한 상자 보내고 싶다. 그런데 주소가 없다. 어떻게 보내야 할까? 택배로 부칠 수 있는 날이 오면 얼마나 좋을까!

(2010. 12)

아버지께 드리는 글

아버지! 꿈같은 세월들이 많이 흘렀습니다.

아버지와 상봉할 때의 큰 감격과 기쁨을 어찌 잊을 수가 있겠습니까? 아버지 먼저 월남하셔서 가족들과 살기 위해 얼마나 고생하셨나요? 아버지 덕분에 우리 가족은 제2의 인생을 시작할 수 있었고 저는 항상 아버지께 감사합니다.

아! 너무도 그리운 아버지, 세상의 불의와 타협하지 않는 모습을 보며 저는 곧게 살아가는 법을 배웠습니다. 끊임없는 학구열로 박물관대학, 예술대학에서 공부하시는 것을 보며 지치지 않는 배움의 지혜를 기를 수 있었습니다.

가끔 아버지가 편곡해 주신 피아노곡들을 칩니다. 그럴 때마다 아버지가 더욱 그립습니다. 학창시절에 가르쳐 주신 피아노 덕분에 교사로서도, 친구로서도 많은 사람들에게 행복을 줄 수 있었습니다. 학교의 반주를 도맡으며 아이들의 행복한 얼굴들을 볼 수 있었고 친구들의 결혼식 반주를 쳐주며 행복한 앞날을 응원해 줄 수 있었습니다.

아버지! 당신은 제 삶의 기틀을 마련해 주고 가셨습니다. 그 기틀에서 아버지를 기리며 삶이라는 피아노를 경쾌하게 연주하고 있습니다. 천국에서 제 연주를 들으시길 바라며 짧은 편지를 띄웁니다.

아버지를 보내드리며, 1997년 6월 9일
둘째 딸 혜정 올림

2.

그리움

내 고향아, 내 친구들아, 통일의 그날까지 잘 있어라. 내 마음을 알겠다는 듯이 창밖에 하나 가득 시야를 가린다. 철종 용웅궁 뜰의 감나무다.

-「본문」 중에서

손에 잡힐 듯한데

- 평화전망대 -

사실 '강화'라는 말만 들어도 반갑고 가슴이 설렌다. 그것은 특별한 사연이 있었기 때문이다. 내 마음은 벌써 그 작은 섬 민법에 달려가 있었다.

아침 일찍 부여에서 올라온 친구와 함께 압구정동 공영주차장으로 향했다. 오늘은 『수필문학』에서 강화도로 문학기행을 가는 날이다. 출발장소에 도착해 보니 남색으로 된 경진관광버스 앞 유리창에 『수필문학』 기행표시가 되어 있었다.

강화도에 도착해 점심식사를 하고 평화전망대로 이동했다. 정상까지 버스가 오르지 못하여 걸어서 올라갔다. 전망대 입구에 「제적 봉 평화전망대」라고 쓴 빨간 글씨가 붙어 있다. 빨갱이를 없앤다는 의미로 제적 봉을 붙였단다. 견학 온 사관학교 학생들과 이 층 조망실로 올라갔다. 북한지형을 가리키며 설명하는 분의 얘기를 들으니 많은 생각이 떠올랐다. 임진강을 사이에 두고 2.3 km만 건너가면 이북 땅이다.

눈앞에 가까이 고향땅을 보면서도 못 가는 심정은 안타깝기만 하다. 63년 전 황해도 연안에서 썰물을 이용하여 갯벌에 골백번 넘어지면서

인민군에게 들키지 않으려고 숨죽이고 남으로 넘어오던 생각이 주마등처럼 지나간다. 구사일생으로 남한 땅을 처음 밟은 곳이 강화도의 25가구만 사는 섬 민법이었다. 너무 작아서 그런지 지도상에서는 찾을 수가 없다.

이남에서 긴 세월을 살았지만, 부모님께선 고향을 그리며 통일되기를 그렇게도 기다리다가 고향땅을 다시 밟아보지도 못하고 가셨다. 이제는 내가 통일을 기다리는 신세가 되었다. 공산 치하로부터 가족 구출에 성공하신 아버지 덕에 지금까지 자유로운 대한민국에서 살고 있다. 남북 이산가족 상봉으로 서로 부둥켜안고 살아줘서 고맙다며 반가워서 울고, 또 98세인 아버지께 두 딸이 마지막이 될지 모른다고 큰절을 하고 손을 놓지 못하고 안타까워하는 모습, 떠나는 버스 밖에서 유리창에 손을 맞대고 흑흑 느끼며 통곡하는 장면을 보며 같이 울었다. 동족상잔의 쓰라린 슬픔을 다시 한번 뼈저리게 느껴야 했다. 우리는 언제까지 이와 같은 슬픔을 반복해야 하는지, 또 한탄만 하고 있어야 하는지 속상하기만 하다. 이산가족들의 눈물겨운 상봉을 보면서 나야말로 오늘날까지 자유대한에서 편히 살고 있으니 얼마나 행운아일까. 생각할수록 우리 가족을 동토의 땅에서 벗어나게 해주신 아버지가 정말 한없이 고마웠다. 또 그립고 보고 싶다. 이제는 잊지 못할 추억으로 남았지만….

1952년 11월 남한의 땅 민법에 처음 왔을 때 '쏴아 쏴아' 잔잔한 파도 소리만 날 뿐, 여기가 이남이라는 것이 신기할 뿐이었다. 집집마다 감나무에 감이 주렁주렁 열려 있고 마당에는 자리를 깔고 새우를 말리는 장면들이 많이 보였다. 그래서 강화하면 지금도 가슴이 두근거린다.

이번 『수필문학』의 문학기행으로 얻은 것도 많지만 나로서는 다시 한번 고향을 생각하고 그리는 기회여서 더 뜻이 깊다. 평화전망대에서 망원경으로 북한 땅을 보면서 속으로 외쳤다.

내 고향아, 내 친구들아, 통일의 그날까지 잘 있어라. 내 마음을 알겠다는 듯이 창밖에 하나 가득 시야를 가린다. 철종 용웅궁 뜰의 감나무다.

(2015. 10. 27)

성북천 길

푸르고 싱그러움으로 가득 찼던 성북천의 녹색 잎들이 어느새 누렇게 변하며 가을이 다가옴을 알리고 있다. 여름 늦게까지 국지성 호우니 게릴라성 집중 호우니 하여 곳곳에서 비 피해가 많았지만, 오히려 성북천 물은 콸콸 흐르며 보기 좋았다.

한낮의 더위에 시달린 사람들이 저녁때면 성북천으로 쏟아져 나와 너도나도 앞을 다투어 걷는다. 성북천 길은 시원하고 걷기가 좋았다. 중간중간에 운동기구가 설치되어 있고 벤치에 앉아 쉴 수 있는 쉼터가 있다.

천천히 걷는 사람, 뛰는 사람, 팔을 휘저으며 걷는 사람, 뒤뚱뒤뚱 걷는 사람, 지팡이를 짚고 걷는 사람 등 걷는 모양도 모두 제각각이다. 또 복장도 다양해서 반바지, 추리닝, 짧은치마, 긴치마, 등산복 등등 가지각색이다.

어느 날 TV에서 양손을 코 높이까지 올리면서 허리를 세우고 가슴을 펴고 고개는 들고 앞을 보며 걸어야 효과적이라는 내용이 방영되었다. 그래서인지 그다음 날부터 손을 위로 올리면서 힘차게 걷는 사람들

의 모습이 눈에 많이 띄었다. 나도 그렇게 팔을 올리면서 걸었더니 온몸에 땀이 더 빨리 흘렀다. 두 달쯤 걸으니 엉덩이와 뒷다리에 당기던 증상이 없어졌다. "수술 대신 걸어서 근육을 키우세요."라고 했던 의사 선생님이 고마웠다. 앞으로도 계속 걸을 생각이다.

길 양쪽으로는 야생화가 많아서 마치 꽃밭 속을 걷는 것 같다. 내가 아는 꽃이 얼마나 되나 걸을 때마다 유심히 살펴보았다. 꽤 많았다. 강아지풀, 달개비, 명아주, 해바라기, 봉숭아, 나팔꽃, 접시꽃, 쑥부쟁이, 장미, 분꽃, 코스모스 등등 모두 모여 꽃밭을 이루고 있었다. 그 꽃들 중에 먹지 못하는 개싱아가 눈에 띄었다. 개싱아를 보니 새콤달콤한 싱아를 꺾어 먹던 북에서의 추억이 되살아났다. 박완서의 『그 많던 싱아는 누가 다 먹었을까』를 보고 '여기도 싱아를 아는 사람이 있구나!' 하는 생각에 반가웠었다. 그런데 알고 보니 그 작가도 이북 출신이었다. 남한에 와서 산에 오를 기회가 있을 때마다 혹시 싱아가 있나 열심히 찾아보았지만, 한 번도 발견하지 못했다.

싱싱한 싱아의 대궁을 뚝 잘라보면 가운데 구멍이 뻥 뚫려 있다. 얇은 겉껍질을 벗기고 동강동강 잘라서 먹는다. 새콤달콤한 맛이 입안에 가득 차며 침이 꼴깍 넘어간다. '아! 먹고 싶다. 남한에는 왜 이렇게 맛있는 싱아가 없을까?' 비슷비슷한 야생화는 많건만 싱아는 없었다. 참 아쉬웠다.

성북천 길을 걸으면서 다리가 아파도 참고 걸었던 6·25 때의 피난길이 떠올랐다. 지금은 건강을 위해서 일부러 걷지만, 그때는 걷지 않으면 안 되는 생사의 기로에서 어쩔 수 없이 걸었다. 발가락이 부르터 피가 나고 죽을힘을 다해 걸어야 했던 그 피난 길! 그러나 그때에 단련되어 오늘날 다리가 더 튼튼해지지 않았을까?

아이들이 얕은 물에서 옷을 입은 채 물장구를 치며 놀고 있었다. 그 속에 어린 내 모습이 함께 지나간다. 투명하게 들여다보이는 냇물에서 수영복 대신 부르마(반바지)만 입고 멱 감던 일, 아이들과 개헤엄으로 냇물을 건너던 일, 겁 없이 바위 위에서 뛰어내리던 일 등등…. 모든 장면이 영화 필름처럼 펼쳐졌다.

성북천 길을 걸으면 명상을 하는 기회가 되어 더욱 좋다. 아는 사람들도 많이 만난다. 서로들 웃으며 인사하고 또 걷는다. 한번은 젊은 여자가 "선생님, 안녕하세요?" 하고 인사를 했다. A초등학교 2학년 때 가르친 학생의 엄마였다. 또 한번은 D초등학교에서 옆 반 학부형이었다며 인사를 했다. 담임도 아니었는데 알아보고 인사를 하니 고마웠다.

선생님이란 존재는 학교에서나 사회에서나 교사로서의 품위를 잃지 말아야 한다고 다시 한번 생각하게 되었다. 한 곳에서 30년 가까이 살면서 집 근처에 있는 여러 초등학교에서 근무하다 보니, 유명인사는 아니지만 알아보는 학부모가 많았다. 기억해주는 것은 고맙긴 했지만, 조금은 신경이 쓰였다.

높은 하늘에는 목화구름이 뭉게뭉게 피어오르고 오곡백과가 무르익는 결실의 계절 가을이 찾아왔다. 성북천의 물도 어느새 줄어들어 실개천처럼 졸졸 흐른다. 푸른 나뭇잎과 통통했던 풀들은 실오라기처럼 가늘어져 바람에 하늘거린다. 일년초의 꽃들과 야생화들도 좀 있으면 모두 말라 내년 봄을 기약하며 겨울 속으로 사라질 것이다.

풀과 나무들처럼, 사람도 봄이 되면 그 모습 그대로 다시 볼 수 있다면 얼마나 좋을까? 7개월 전에 타계하신 어머니가 너무 보고 싶다. 이제 어디에 가서 어머니라고 불러볼 수 있을까? 허둥지둥 뛰면서 엄마 손을 놓치지 않으려고 꼭 잡고 사선을 넘어 남으로 오던 기억이 새로워 엄마, 엄마 불러보았다. 기척도 없이 흐르는 눈물도 닦지 않고 마구 걸었다. 불러 보고 싶은 엄마 이름을 마음 놓고 부를 수 있는 성북천 길이 점점 더 좋아졌다. 콸콸 흐르던 물소리도 점점 줄어들어 졸졸 노랫소리처럼 들린다. 오늘도 추억 속에 엄마와 얘기하며 이 길을 걷는다.

(2011. 10)

그리움

요즈음은 자고 일어나면 곧장 수영장으로 가는 것이 습관화되었다. 오늘도 하루의 일과를 수영으로 시작한다. 문득 아이들이 어렸을 때, 서해바다 '동백정' 해수욕장에서의 추억이 떠올랐다.

"아빠, 우리도 남들처럼 바다에 한번 가보자." 여름 방학을 맞이한 아이들은 피서 한번 가자고 졸라댄다. 아이들 성화에 남편은 바쁘지만 모처럼 휴가를 냈다. 그래서 처음으로 올망졸망한 다섯 남매를 데리고 서해로 떠났다. 아이들은 콧노래를 부르고 즐거워했다. 그러나 해수욕장에 도착하니 사람들이 바글바글하여 민박도 구할 수가 없었다. 어쩔 수 없이 고생하다가 겨우 허름한 집에서 여장을 풀게 되었다. 시설이 좋지 않아 아주 불편하게 지내다가 식구들이 설사병으로 고생을 했다.

그러던 중 같은 학교에 근무하는 조 선생님 가족을 만났다. 그분이 자기가 묵고 있는 곳에 방이 하나 있다고 안내해 주어 짐을 모두 옮겼다. 샤워 시설도 있고 방도 깨끗하다. 기분이 좋아졌다. 형편없는 환경에서 이틀 동안 고생한 것이 아까웠고, 조 선생님을 만난 것이 행운이라 생각하며 고마워했다.

조 선생님의 두 아들과 우리 아들들이 나이도 같고 유치원생이라 노래도 하고 물놀이도 하면서 아주 즐거워했다. 두 집이 어울려 반찬도 나누어 먹고 싱싱한 게도 삶아서 같이 먹으니, 아이들이나 어른들 모두가 더욱 재미있는 날들을 보내게 되었다.

오랜만에 바다에 오니, 고기가 물을 만난 듯 아이들보다 나 자신이 수영을 더 즐기고 있었다. 서해바다는 경사가 없고 얕아서 아이들 놀기는 안전하나 고운 모래가 올라와 갈색의 흙탕물이다. 그러나 아이들은 첨벙첨벙 물장구를 치며 마냥 즐거워했다. 아이들을 남편한테 잠시 맡기고 한참을 바다 가운데로 들어가니 물빛도 파랗고 맑아서 혼자만의 수영을 만끽하기에 좋았다. 저 멀리 수평선이 보이고 깊은 바다 위에는 그림 같은 배 한 척이 유유히 떠 있다. 하늘에는 목화구름이 뭉게뭉게 피어오르고 있어서 아주 평화로웠다. 모처럼의 여유를 바다에서 즐기다니 참 행복했다. 남편과 아이들이 까마득하게 보인다. 남편은 위험하다는 듯이 손짓을 하며 나오라고 소리치는 것 같다. 아이들 관리하랴,

아내 관리하랴 얼마나 바빴을까?

처녀시절 친구들과 어울려 경포대, 망상, 화진포해수욕장 등 일 년에 적어도 한 번은 갔다 와야 방학을 뜻있게 보낸 것 같았다. 짠 바닷물에 몸을 담갔다가 모래찜질하면서 적당히 선탠하게 되면 면역이 생겨서 겨울에 감기도 걸리지 않는다. 그렇게 좋아했던 해수욕이지만 결혼해서 아이 다섯 낳고 키우는 동안 한 번도 바다에 와본 일이 없었다. 어렸을 때 물가에서 자라서인지 산보다 물을 더 좋아했다. 이북에서 큰 개울물에 부르마(반바지)만 입은 채로 멱 감던 생각이 나서 마음은 어느새 고향으로 달려가고 있었다.

숙소로 돌아와 샤워를 하는데 조 선생님이 자기 아이들보다 우리 아이들을 먼저 씻겨서 내보낸다. 내가 해야 할 일을 몸도 가늘고 약한 조 선생님이 야무지게 비누칠을 하여 맑은 물로 헹구어 내보내는 것을 보고 선생님의 부지런하고 고운 마음씨를 다시 한번 보게 되었다. 보통사람들 같았으면 자기 아이만 씻기고 샤워장만 내주었을 텐데…. 매우 감동이 되었다. 그것을 남편도 먼빛으로 보고 있었던지, 그 후로는 밥상머리에서나 우리 부부가 마주 앉아 얘기할 때에는 항상 조 선생님의 넓은 마음과 아름다운 모습을 떠올리며 칭찬으로 이어졌다. 여름방학이 되면 조 선생님의 두 아들, 그리고 마음이 넉넉한 중학교 교감이었던 그의 남편이 생각났다. 그 후 멀리 이사 간 조 선생님의 소식을 모른 채 많은 세월이 또 그렇게 흘러갔다.

그토록 아름다운 추억을 안겨주었던 조 선생님의 부음을 들은 것은

20여 년이 지난 뒤였다. 오십 대 중반이었으니 매우 아까운 나이였다. 남편은 교장으로 승진하였고 두 아들도 잘 자라서 훌륭한 사회인이 되었다고 한다. 세월과 함께 조 선생님은 가셨지만 그의 아름다운 마음씀씀이는 언제까지나 내 가슴속에 자리 잡고 있을 것이다. 또 기회만 있으면 조 선생님 칭찬을 아끼지 않던 내 인생의 반려자인 남편도 하늘나라까지 따라가서 칭찬하려는지 무심하게 떠나갔다. 아마 그곳에 가서도 틈만 있으면 칭찬을 계속할 것 같다. 칭찬을 받던 사람도 칭찬을 하던 사람도 모두 떠나고 이제는 허무감만 내 주위를 맴돈다. 함께한 세월만큼이나 가슴이 아파왔다. 하늘나라에서도 두 분이 서로 인사라도 나누며 지냈으면 좋겠다.

"심원, 내 자식보다 남의 자식부터 씻겨내는 조 선생님이 참 훌륭하다."라고 이름 대신 호를 불러주며 칭찬하던 목소리가 지금도 귀에 생생하기만 한데…. 그 시절이 너무 행복했고 그리움에 가슴이 저려온다.

오늘도 그 추억 속에서 하염없이 물살을 헤쳐 나간다.

(2013. 6. 9)

사랑하는 당신에게

여보, 이렇게 불러보는 것도 처음이자 마지막이 되었군요.

우리는 부부로 반세기를 살면서 한 번도 여보 당신이라 부르지 않고 당신은 나에게 자네라고 친구처럼 불렀고 나 또한 아이들 따라 아빠라고 불렀죠. 그러다가 세월이 흘러 당신은 '심원'이라고 내 호를 불렀어요. 늙으면 호를 불러야 한다면서 말입니다.

여보, 이제나마 마음껏 여보 당신을 불러보렵니다.

여보, 평소에도 필요한 말 이외에는 말씀이 없더니 하늘나라로 가시면서도 끝까지 침묵을 지키시는군요. 그건 아마도 우리의 갑작스런 이별이 너무나 가슴 아파서 그러셨는지요. 너무나 야속합니다.

여보, 당신의 다섯 아이들과 아내를 두고 떠나야 하는 그 마음 얼마나 아프셨나요? 이별이 안타까워서 아버지를 부르는 아들딸들의 슬피 우는 소리는 들으셨나요? 또한 할아버지와의 이별이 너무도 슬퍼서 엉엉 우는 어린 손자의 소리는 들으셨나요?

여보, 꽃 속에서 당신을 보러 온 많은 사람들을 보면서 빙긋이 웃는 모습을 보았습니다. 찾아온 그분들은 모두 하나같이 도와주고 잘해 주셔서 너무 고마웠다고 살아생전에 찾아오지 못해 너무 죄송하다고 말합니다. 또 너무 빨리 가셔서 애석해합니다. 그런 소리를 들으면서 역시 당신은 이승에서 잘 살고 하늘나라로 가신다고 생각했습니다.

여보, 저도 한 말씀드리겠습니다. 제가 지금까지 당당하고 자신 있게 살아온 것은 곁에서 도와주고 지켜주는 당신이 있었기에 가능했습니다. 당신은 제가 힘들어하고 문제가 있어 고심할 때에도 언제나 거뜬히 해결해 주는 해결사이셨습니다. 행동이나 말하는 것, 또한 옷차림까지도 단정해야 된다고 신경 써 주셨습니다. 제가 학교생활을 끝까지 잘하고 정년퇴직을 한 것은 정말로 당신께서 외조를 잘 해주셨기 때문이라고 자랑합니다. 그렇게 잘해 준 당신에게 저는 항상 당신의 만족에 못 미치는 생활만 한 것 같아 마음이 많이 아픕니다.

여보, 그동안 부족한 것 많이 깨우쳐주고

도와주셔서 고마웠습니다. 앞으로 당신이 보살펴 주셨던 것, 재미있었던 것만 생각하며 살아가겠습니다.

여보, 당신하고 살면서 가장 많이 배운 것이 무엇인지 아세요? 그것은 항상 나보다 주위 사람들을 편안하게 배려하는 것입니다. 저도 그렇게 살아가려고 노력하겠습니다.

여보, 이제 일손 모두 내려놓으시고 편안한 마음으로 천국에서 쉬십시오. 그래도 가끔씩은 우리 5남매 아이들 사는 것도 봐 주시고 우매한 행동을 할 때에는 깨우치도록 도와주세요.

여보, 우리가 천국에서 다시 만날 것을 약속드리며 하고 싶은 말은 너무도 많으나 다음에 하겠습니다. 다시 만날 때까지 안녕히….

2013년 4월 26일

사랑하는 남편을 떠나보내며 시안에서

아내 혜정 드림.

영정 앞에서

여보, 마지막으로 불러 봅니다.

부부로 반세기를 살아오면서 긍정적이고 옳게 사는 법을 배웠습니다. 평소에도 과묵하더니 끝까지 침묵을 지키시는군요. 그건 우리의 갑작스런 이별이 너무 가슴 아파서 그러셨는지요? 약속합니다.

여보, 당신은 꽃 속에서 빙긋이 웃고 계셨습니다. 그건 천국에서 다시 만나자는 의미인가요? 그립고 보고 싶을 땐 옛날을 추억하며 살다가 당신에게 가렵니다.

사랑하는 5남매를 남겨두고 당신은 화려한 환송을 받으며 소천하셨습니다.

떠오르는 태양도 찬란했지만 지는 석양은 그보다 더욱 황홀했습니다. 다시 만날 때까지 안녕히….

2013년 5월 4일

당신의 혜정

노랑꽃 하나

노란 유채꽃이 온 천지를 노랗게 물들이고 있다. 명예퇴직을 하고 제주도에 가 있는 동창이 한번 오라고 하는데 무엇이 바쁜지 이제야 다녀오게 되었다. 문득 「노랑꽃 하나」 노래를 열심히 부르던 필리핀에 사는 조카의 얼굴이 떠오르며 며칠 전에 통화한 기억이 생생하다.

"이모, 나야 희수." 전화 속에서 들려오는 조카의 목소리는 유난히 가냘프게 들려왔다. 순간 가슴이 뭉클하여 "그래, 오랜만이다. 식구들은 모두 잘 있니? 그곳 사정은 어떠냐?" 하고 말하는데 자꾸만 목이 메어왔다. 겨우 참고 이것저것 물어보았다. 자매를 둔 조카는 한국에서 사교육비가 많이 들어 아예 필리핀 마닐라로 가서 홈스테이를 운영하며 아이들을 교육시키고 있다.

어린 시절에 있었던 조카의 추억이 떠오른다.

동생은 남매를 낳아 아이들 교육에 정열을 쏟았다. 수유리 우리집 가까이 살면서 딸을 D초등학교에 입학시켰다. 조카가 2학년, 내 딸이 3학년 때 교내 콩쿠르 대회가 있었다. 동생은 독창 지도를 해달라고 하였다. 그래서 우선 자유곡을 정하려고 이 곡 저 곡 피아노에 맞추어 노래를 시켜보니, 조카는 목소리가 곱고 고음도 부드럽게 잘 올라갔다. 조카에게는 「노랑꽃 하나」를 딸에게는 「고향땅」을 자유곡으로 정하여 열심히 연습시켰다. 작곡가 한용희 선생님과 음악 담당 선생님께서 심사를 하신다고 한다.

대회 날에 실수하지 않고 잘 불렀는지, 조카는 은상을, 딸은 동상을 받아 왔다. 아마도 조카에게는 그때 그 시절이 가장 행복하지 않았나 싶다.

동생네는 남편의 사업이 잘못되어 부산으로 내려가 살게 되었다. 그런데, 오랜만에 동생을 만나보면 어디가 아픈지 너무나 말라서 가슴이 아팠다. 날이 갈수록 야위어 갔다. 결국엔 췌장암이란 병명이 나왔으며 죽음이라는 피할 수 없는 운명으로 다가오고 있었다. 심한 통증으로 생과 사의 갈림길에서 몸부림치며 신음하는 동생의 마지막 모습을 지켜보며 불쌍하고 안타까워 그저 눈물만 흘렸다. 외손녀는 둘까지 안아 보았지만 아들은 결혼도 못 시킨 채, 온갖 역경을 참아온 보람도 없이 55세의 짧은 생을 마감하여 영원히 돌아오지 못할 강을 건너갔다.

조카는 엄마를 하늘나라로 보내고 슬픈 마음을 추스르기도 전에 아빠마저 위암으로 떠나보내야 했다. 장성한 조카 남매지만 2년 사이에 부모를 잃은 고아가 되고 말았으니 이 슬픔을 어찌 감당해야 할지 막막하다. 동생 내외를 보내고 나니 괴롭고 안타까워 힘이 빠진다. 몇 년 후 아들 결혼식 때는 우리 내외가 참석하여 촛불도 켜고 결혼식을 올렸다. 가버린 동생 생각에 자꾸만 눈물이 났다. 부모 없이 올리는 결혼식장도 쓸쓸해 보였다.

제 엄마가 살아 있으면 얼마나 기쁘고 행복한 날이었을까?

지금 생각해 보니 조카는 초등학교 콩쿠르 대회 때 독창으로 부른 '노랑꽃 하나'의 노랫말처럼 된 것 같았다. 가수들이 자기가 부른 노랫말대로 인생을 산다고 하더니, 조카도 노랫말처럼 되느라고 엄마 아빠를 거의 한꺼번에 잃게 되지 않았는지, 그 책임이 노래를 선택해준 나한테 있는 것 같아 더 속상하다. 이런저런 마음으로 옛날 일을 생각하다 보니 「노랑꽃 하나」 노래가 싫어졌지만, 가사를 다시 한번 음미하며 불러보았다. 조카에게 슬픈 일만 없었더라면, 너무나 아름다운 노랫말이다.

성 둑 아래 홀로 핀 노랑꽃 하나 아무도 못 보는 노랑꽃 하나
엄마 아빠 어디서 잃어버리고 외로이 피고 지나 노랑꽃 하나

노랫말과 곡이 너무 슬프다. 왜 이렇게 슬픈 노래를 부르게 했는지…. 그때에는 조카의 고운 목소리가 「노랑꽃 하나」에 잘 어울렸고 감정을 살려 애잔하게 잘 불렀다. 지금도 조카의 고운 노랫소리가 들려오는 듯하다.

가엾은 조카들을 돌봐줘야겠다고 생각은 하나 마음뿐이지 멀리 떨어져 있으니, 고작 전화나 해보는 정도다. 엄마 아빠의 따뜻한 사랑을 다시는 받을 수 없는 조카 남매를 생각하면 가슴이 너무 아프다. 이제 조카들도 엄마가 되고 아빠가 되었지만 친정엄마라는 포근한 품 안이 그리울 땐 얼마나 보고 싶고 외로웠을까? 핸드폰에 "이모 목소리 들어서 너무 좋아. 엄마하고 이모가 제일 비슷했으니까."라는 메시지를 볼 때

가슴이 또 한 번 뭉클하였다. 답신으로 "그래, 우리 자주 전화하고 메일로도 서로 연락하자. 타국에서 몸조심들 해라." 하며 메일 주소를 남겼다. 얼마 후 메일이 왔다.

제 기억엔 이모가 쉰 정도의 모습뿐인데 벌써 연세가 많이 드셨을 생각에 이런저런 생각을 했어요. 이모가 연락해 주고 살펴주지 못해 미안하단 말씀, 눈물이 났어요. 너무 고맙고 따뜻하고…. 속상한 일이나 마음이 안 좋을 땐 그래도 이모 생각나고 그랬어요. 살면서 엄마 생각 많이 해요. 어려운 형편에 우리들 키운다고 고생하셨을 일이 이제야 조금씩 알아지는 걸 보면 어렵고 힘들어 보는 것도 감사하다고 생각해요.

편지를 읽으면서 또 한 번 가슴이 찡하게 저려온다.

"네가 정성껏 키운 두 딸이 앞으로 많은 기쁨과 행복을 가져다줄 것이다. 그러니 용기와 희망을 가지고 열심히 살아라. 언젠가는 옛날 얘기하며 살 때가 올 것이다. 우리 자주 소식 전하며 살자."라고 답장을 보냈다.

온통 노란 들판에 유채꽃을 보고 있노라니 고운 노랫소리와 함께 조카의 얼굴이 아련히 떠오른다.

(2010. 4)

가는 사람 남는 사람

"이모, 고마워"라며 링거를 꽂고 엘리베이터까지 나와서 인사를 하는 조카에게 '그래, 또 올 테니 치료 잘 받아라.' 하며 일부러 웃는 얼굴로 세브란스 암 병동을 나왔다. 척추협착증이 재발되었는지 다리가 몹시 아파서 쉬엄쉬엄 버스 정류장까지 오는데 걱정과 불안이 산더미 같았다. 버스 안에서 내내 조카를 생각하며 이럴 때 제 어미가 있었으면 얼마나 안심이 될까 싶었다.

조카 상원이(여동생 아들)는 45세로 미남이라는 말을 들을 정도로 인물이 좋았다. 사춘기 때 엄마 아빠가 췌장암, 위암으로 일, 이년 사이 하늘나라로 갔다. 동생은 55세의 젊은 나이로 남매를 두고 가는 것이 억울한지 눈을 뜬 채 숨을 거두어 어머니가 눈을 감겨주고 옆에서 얼굴을 닦아 준 것이 마지막이었다. 내가 겪는 슬픔도 견디기 힘들었는데 딸을 앞세운 어머니의 가슴은 얼마나 찢어지게 아프셨을까?

제부의 사업 실패로 고생만 하다간 동생을 생각하며 얼마나 울었는지 모른다.

딸은 시집가서 손녀 둘을 낳아 재롱도 보여 드리고 외할머니라고 불러 드렸다. 남매만 있다가 누나는 필리핀에 가서 아이들 공부도 시키며 홈스테이를 하며 살고 있다. 상원이는 은행 카드부서에 취직이 되어 참한 규수와 결혼식을 올리게 되어 우리 내외가 혼주 노릇을 했다. 기뻐해야 할 결혼식이 쓸쓸한 가운데 끝났다. 제 부모가 살았다면 가장 좋은 날이 되었을 텐데….

그 후에도 멀리 떨어져 있으니 자주 만나지는 못하고 집안에 행사가 있을 때나 잠시 볼 수 있었다. 전화는 때때로 하는데 속상한 일이 있을 때는 술을 먹고 전화하여 달래주며 이야기도 들어주곤 했다. 아빠 쪽으로도 의지할 사람이 없고 오로지 외가인 이모와 전화로 연락하고 지냈다. 명절 때마다 네 뒤엔 이모가 있으니 기죽지 말라고 약간의 격려금을 보내주곤 했다. 상원이는 예쁜 딸을 낳아 그런대로 잘 살고 있었다. 그 후로 술 취한 목소리로 자주 전화가 와서 술, 담배 끊으라고 역정을 내기도 했다. 스트레스를 많이 받을 때마다 술을 마시는 것 같았다. 새로 부임해 온 상사로부터 스트레스를 많이 받는단다.

2019년 4월 어느 날 전화에 상원이가 식도암이란다. 이게 무슨 소리냐고 하니 소화가 안 되어 병원에 갔더니 진단이 그렇게 나왔단다. 연세의대를 나온 의사는 여기서는 치료가 어려우니 큰 병원에 가라며 서울 세브란스병원에 연결해 주었다. 어쩌다 이 지경까지 왔을까 생각하며 병원으로 갔다. 얼굴은 별로 상하지 않아 암이라고 믿어지지가 않았다. 병원에서는 암 덩어리가 너무 커서 암을 줄여야 수술을 할 수가 있다고 한다. 병원 근처에서 기거하며 매일 방사선과 항암치료를 받다가 잠시 쉬고를 반복했다. 체중이 줄지 않도록 하라는 의사의 지시다. 점점 음식을 넘기기가 힘들다고 하더니 몇 달을 치료한 후 뜨거운 국물이 생각난다고 해서 갈빗집에 가서 갈비탕을 먹도록 했다. 반쯤 국물만 먹더니 배가 부르다고 한다. 그래도 병원에서 나온 미음은 먹고 토했는데 고깃국물은 집에 가서도 괜찮았다고 했다. 퇴원하고 병원에서 연락이 있을 때까지 처방해준 약을 먹고 이번에는 갈비와 냉면도 먹었다. 방사선과 항암치료를 한 후, 오장동 함흥냉면이 먹고 싶다 하여 갔더니 매운 양념을 더 얹어 맛있게 먹는다. 말도 잘하고 컨디션도 좋단다. 치료를 반복하면서 8개월이 지나가고 있었다. 4월에 입원하여 11월이 되니 날씨도 추워지고 겨울로 접어들었다. 처음보다 밥도 잘 먹고 체중도 늘면서 호전되어 가는 것 같았다. 암이 많이 줄어들었으니 수술해야 된다고 한다. 우리는 의사의 지시대로 따를 수밖에 없었다.

수술 후 상원이는 이모를 보자마자 눈물을 흘리며 운다. 그 눈물 속에는 서러움이 묻어 있음을 보았다. 얼마나 아팠냐고 손을 잡아주는데 왈칵 눈물이 나서 같이 울었다. 얼마나 아팠으면 이모를 보자마자 울까? 몸에는 하얀 단백질주사와 영양제, 소변줄 등이 주렁주렁 매달렸다. 심한 중환자의 몰골로 변했다. 목을 뚫고 호수로 연결하여 깡통에 든 죽을 먹인다. 걸어 다니던 사람이 일어나지도 못하니 수술로 사람을 죽여 놓은 것 같다. '괜히 수술을 했나'하는 후회가 간다.

날이 갈수록 회복은커녕 눈도 못 뜨고 상원이가 "이모, 내 엉덩이 옆에 뼈가 나왔어."라고 하여 만져보니 밤톨만 한 것이 손에 잡힌다. 뼈와 폐, 피부에 암이 전이 되었단다. 욕창도 생기고 점점 악화되어 갔다. 다른 환자에게 전염된다고 격리실로 옮겨지니 병원에 와도 볼 수 없었다.

병원에선 더 이상 치료를 할 수 없다고 한다. 수술하면 죽을 줄 알면서도 수술시킨 병원이 정말 얄미웠다. 자기 가족이었어도 그랬을까? 퇴원하라며 부산 요양병원으로 연결해 주었다. 응급환자니 구급차로 가야 한다면서 병원에서 새 구급차를 소개해 주어 다행이었다.

다음날 새벽 아무도 보지 않게 구급차에 실려 부산 요양병원 격리실로 옮겨졌다. 닷새를 넘기기가 어렵다고 하더니 요양병원에 도착 후 이틀만인 12월 5일 숨을 거두었다. '결국 엄마 아빠 곁으로 갔구나!' 격리실에서 외롭게 간 상원이가 불쌍하고 너무나 가여웠다. 딸 시집갈 때까지는 살고 싶어 했는데….

"숙아, 힘들게 살아온 네 아들을 꼭 이렇게 데려가야만 했니?" 하고 죄 없는 동생을 원망하기도 했다. 상원이 자신은 병고를 떨치고 훌쩍 갔지만 남아 있는 처와 딸은 어찌하라고, 아직 살길이 아득한데…, 짠하고 불쌍하다. 하나뿐인 동생을 잃은 누나의 마음은 또 얼마나 기막힐까? 어쩌면 상원이는 어렸을 때 졸졸 따라다니던 엄마가 그리워 따라갔는지도 모른다. 하늘나라에서 엄마 아빠의 사랑을 듬뿍 받으며 아프지 않고 지냈으면 좋겠다. 먼저 가는 사람은 홀가분하지만 남는 사람은 해야 할 숙제가 너무 많다. 간 사람을 그리워하고 애통해하며 남은 세월을 헤쳐 나가려니 힘들고 고통스러워 가는 사람을 부러워할 수도 있다.

코로나19 확진으로 죽어가는 사람이 많은 요즘, 상원이는 일찌감치 하늘나라로 피난 갔다는 생각이 들었다. 사회적 거리두기(마스크 쓰고 2미터 간격)로 생활하며 가족이 장례도 제대로 못 치르는 아픔은 면했으니, 코로나19를 겪지 않고 간 상원이가 그나마 다행이라고 생각한다.

상원이 어린 시절, 가족 모두 놀러 갔던 동영상에서 언제나 엄마 치맛자락을 잡고 붙어 다니더니 기어코 엄마 곁으로 갔구나! 동생이 가슴을 파고드는데 상원이의 흔드는 손이 아른거려 애꿎은 눈이 불덩이 같다. 무어니 무어니 해도 남은 자가 행복이니 감사하며 먼저 간 분들의 못다 한 일들을 이루어주고 기도만 열심히 할 뿐이다. 남아 있음에 대한 감사를 잊지 않으면서.

(2020. 6. 3.)

3.

청춘이 꽃피는 계절

어느 날 우리 뚱뚱이클럽은 어떻게 하면 살을 좀 뺄까 고민하다가 피를 빼면 살이 빠지지 않을까 하는 어떤 친구의 말에 모두 공감을 했다. 그 당시는 병원에서 채혈하면 피의 값을 돈으로 주었던 시절이다. 우리는 살도 빼고 용돈도 생기니 일거양득이 아닌가 하며 병원을 찾았다.

-「본문」 중에서

나는 학교에 가고 싶다

살아가면서 누구에게나 몇 번쯤은 고비가 있다는 것을 알았다. 나도 중요한 고비를 몇 차례 넘긴 셈이다. 초등학교 6학년 시절 중학교 입시가 있었기 때문에 담임 선생님께선 열과 성의를 다하여 가르치셨다. 밤에 촛불을 켜놓고 외우고 쓰고 풀면서 최선을 다해 공부를 했다.

내가 꼭 가고 싶은 곳은 특차인 사범병중(사범병설 중학교)이다. 그곳에선 6학년 성적에서 무시험 50%, 유시험 50%를 모집한다. 무시험 원서를 낸 아이들은 각 학교에서 가장 우수한 학생들이 오기 때문에 탈락될까 봐 가슴이 조마조마했으나 다행히 합격되었다. 입학식과 함께 즐거운 중학교 생활이 시작되었다. 과목마다 선생님이 다른 것도 좋았고 방과 후에는 배구, 데생도 하며 친구들도 많이 사귀었다. 가장 행복한 나날들이었다.

그런데 사범 다니던 오빠가 죽어도 선생은 안 한다고 확고하게 뜻을 밝혔다. 그때는 사범학교를 졸업하면 의무적으로 삼 년은 교직생활을 해야 했다. 부모님께선 외아들의 뜻에 따르기로 하셨다. 오빠는 상경하여 경동고등학교에 편입을 했고, 두 동생들과 나도 일 학기로 수업을 마치고 서울로 전학을 가야 했다. 정든 친구들과 이별하기가 정말 싫었다. 오빠 때문에 전학을 간다고 하니, 오빠가 원망스러웠다. 한참 신나는 학교생활이었는데…. 서울은 대도시라 낯도 설고 시골뜨기라고 놀림이나 당하지 않을까 하는 등등으로 두렵기도 했다. 여름방학을 하자마자 이삿짐은 트럭에 싣고 식구들은 버스를 타고 서울로 향했다.

몇 년 안 다녔지만 마음잡고 열심히 공부하던 곳 청주! 눈물이 자꾸 나온다. 버스 안에서도 학교와 친구들 생각뿐이다. 서울 미아삼거리쯤으로 생각되는 동네에 살게 되었다. 여름방학이 끝나고 2학기가 시작하는 날 아버지와 함께 전학 서류를 들고 서울사범병중으로 갔다. 그런데 뜻밖에도 전학생을 받지 않는다며 내년 2월에 편입시험을 보라고 했다. 가슴이 철렁 내려앉았다. 큰 낭패다. '어떻게 하지? 학교에 못 다니게 되는 건 아닌가?' 하고 눈물이 핑 돌며 걱정이 태산 같았다.

아버지께선 집에서 6개월 독학하고 내년에 편입시험을 보면 된다고 느긋하게 말씀하셨다. 갑자기 외로워졌다. 시험과목은 영어, 수학, 과학 3과목이다. 아버지는 청계5가 헌책방에서 1학년 2학기 교과서와 자습서를 사다 주셨다. 내년 2월에 편입시험에 통과되지 못하면 영영 학교에 다니지 못할 것 같아 불안에 떨기까지 했다.

같이 사는 안집에는 나와 학년이 같은 여학생이 있었다. 성신여중에

다닌다고 한다. 아침에 그 여학생이 학교 갈 때에 문틈으로 내다보고 얼마나 부러워했는지 거의 몰래 보는 습관이 생겼다. 또 누가 뭐라 하는 것도 아닌데 집에 있는 것이 창피했다. 흰 칼라에 감색 교복을 입은 성신여중생은 여섯 달 동안 나를 한없이 마음 쓰이게 했다. 그러나 그 덕에 말 없는 향학열도 높아진 것 같았다. 내년엔 그 여중생보다 훨씬 좋은 학교에 다닐 수 있다는 자부심을 가지고 인내를 하며 다음 해 2월을 맞이했다.

떨리는 가슴을 안고 서울사범병중 교무실로 갔다. 시험지를 받고 침착하게 문제들을 풀어갔다. 걱정했던 것보다 쉬워서 모두 만점을 받았다. 교감선생님은 교장실로 데리고 가서 "아주 우수한 학생이 들어왔습니다." 하고 보고를 하셨고 원홍균 교장선생님께서는 웃으시며 열심히 공부하라고 하셨다. 입학이 허락되었으니, 얼마나 다행인가. 만일 통과가 안 되었다면 식순이가 되었을지, 공순이가 되었을지, 그렇지 않으면 더 독학해서 검정고시를 보았을지, 하여튼 서글펐을 것이다. 한때의 기회가 일생을 좌우한다는 생각이 들었다. 그 후 병설중학교 배지를 달고 그 여학생 앞에도, 어른들 앞에도 당당하게 걸어 다닐 수 있었다. 지금도 전학이라는 말만 들어도 가슴 조였던 그 옛날이 떠오른다.

초등학교 교사로 재직하고 있을 때, 담임교사 외에 입, 퇴학계를 담당하게 되었다. 옛날에는 갖추어야 할 전학 서류가 많았다. 한 가지라도 빠지면 전학이 불가능했다. 전입생 중에는 학교 서류는 완벽하나 동사무소 서류가 미비할 땐 학부모와 학생을 서류 미제출 이유로 돌려보낸다. 전학하려고 왔다가 그냥 돌아가야 하는 그들의 심정을 너무도 잘 알기에 결재받을 때 일단 학생은 입학을 시키고 미제출 서류는 다음 날 가져오도록 도와주었다. 기쁘게 돌아가며 환하게 웃는 전입생의 모습을 보니 내 할 도리를 다한 것 같아 기분이 좋았다.

사회의 모든 일이 법을 어기지 않고도 해결할 수 있는 것도 무관심으로 불편하게 하는 일이 허다하다. 과거에 6개월을 집에서 독학하면서 고민했던 시절을 생각하면 너무 억울하다. 과연 학교는 누구를 위해 존재하는가? 똑같지는 않지만 내가 당한 서글픈 경험이 있었기에 남을 헤아려줄 줄도 알게 되었다. 인생 철학이 저절로 되지는 않는가 보다. 그 옛날 전학이 안 되어 속상했던 대가는 충분히 보상받은 셈이다.

(2010. 4)

숙아, 복코 가진 아이가 왔다

숙이는 중랑교를 건너 둑 위를 한참 걸어가다 보면 좌측 둑 아래에 조용하고 아늑한 외딴집에 살았다. 여름방학 숙제를 같이 하려고 숙이네 집 입구에 들어섰다. 마당에는 과꽃 맨드라미 채송화 봉숭아 등 갖가지 꽃들이 활짝 피어서 나를 반긴다. 덩치가 큰 개 한 마리가 나를 보고 무섭도록 짖는다. 부엌에서 일하시던 숙이 어머니가 나와 보시고는 "숙아, 복코 가진 아이가 왔다."라고 하면서 반가이 맞아 주셨다. 하필이면 내 얼굴에서 납작하고 못생긴 코를 복코라고 하시는지 모르겠다. 예쁜 코를 가진 숙이가 부러웠다.

중학교 2학년 때 자화상을 그려 오라는 미술 숙제가 있었다. 거울을 앞에 놓고 4B연필로 데생을 하면서 거울 속의 얼굴을 자세히 살펴보게 되었다. 얼굴은 둥근 편이며 눈썹은 길고 진하다. 눈은 실눈은 아니지만 웃으면 사라져 없어 보인다. 코는 왜 그렇게 낮은지 한심하다. 입은 작은 편이어서 그런대로 여자답다. 피부는 매끈하지만 희지도 않고 전형적인 황색인종이다.

복코 가진 아이라는 말이 싫지는 않았다. 그러나 거울을 볼 적마다

'코가 좀 높았으면 야무져 보일 텐데'라며 한숨을 쉬었던 기억이 난다.

사람들은 부잣집 맏며느릿감이니, 복스럽다느니, 인상이 좋다느니 듣기 좋은 말들을 하지만 냉정하게 판단한다면 특징이 없고 평범하다는 의미이다. 나이가 들면서 눈썹은 흐려지고 눈은 코끼리 눈처럼 작아졌으며 눈과 입 주위에는 주름이 자글자글하다. 그래도 사람들은 나이에 비해 젊어 보인다고 하니 이것 또한 듣기 싫지는 않다.

말이 씨가 된다고, 숙이 어머니가 복코라고 불러 주신 덕택에 복이 들어온 듯 초년보다는 점점 부족함 없이 잘살지 않았나 싶다. 또 숙이네 집에 갈 적마다 시원한 물김치와 고추볶음 등으로 밥상을 차려 주셔서 맛있게 먹던 추억이 아련하지만, 그때가 좋았다.

세월이 많이 흘러갔다. 구십이 훨씬 넘으신 숙이 어머니께서 작년 가을에 소천하셨다는 소식이 왔다. 십여 년 전 숙이 아버지 장례식에서 뵐 때는 건강하셨는데… 나를 밀어주는 후원자 한 분이 가신 듯 가슴이 뭉클하고 소녀시절을 연상케 했다. 때마침 장 유착 수술로 문상은 가지 못하고 멀리서나마 애도하며 천국으로 가시기를 기도했다.

좋은 말을 들으면 사실이 아니더라도 믿고 싶은 것이 인지상정(人之常情)인 것 같다. 지금도 거울을 보고 숙이 어머니를 떠 올리며 정말 내 코가 복코일까 생각하며 자꾸 들여다볼 때가 있다. 그러다 보면 정말 복코라고 인식이 되기도 했다.

젊었을 때는 아무리 복코면 뭘 해, 선글라스를 폼나게 쓸 수가 있나, 난시가 있다 하여 안경을 맞춰 놓고도 쓰기만 하면 자꾸 흘러내리니 귀찮아서 서랍에 넣어 두었다. 한때는 높은 코가 부러워 성형이라도 할까 했던 때도 있었으나 숙이 어머니가 하신 말씀도 떠오르고 부모님의 귀중한 유산인데 흠집 내면 안 되지 하는 마음으로 지내왔다. 얼굴은 볼품없지만 건강미가 있다고 부러워하는 이가 많았다. 튼튼하게 낳아주신 부모님이 더욱 고마웠다. 어느덧 종심의 나이가 넘게 되니 더더욱 건강이 최고라고 믿게 되었다. 이제는 공짜로 성형을 해 준다 해도 싫다. 코가 좀 낮으면 어떠하랴 몸이 튼튼한데 뭘 더 바라는가. 나이가 들어서 미모에 대한 관심이 적어졌다고 하겠지만 아무튼 이제야 겨우 철이 든 것 같다. 부모가 물려준 건강한 몸을 잘 보존하며 앞으로도 제일 값진 보물이라 생각하며 살아가련다.

이제는 복코라고 불러주시던 숙이 어머니도, 뚱뚱해서 살을 빼야겠다고 하면, 딱 알맞아서 보기 좋은데 무슨 살을 빼니? 라고 하시던 친정어머니도, 또 술만 한잔 드시면 우리 둘째 딸은 만능이야 라고, 자랑하시던 친정아버지도 안 계신다. 믿든 말든 마음으로 후원해 주시던 분들이 모두 떠나가시니 세상이 재미가 없다. 사실이 아니더라도, 예를 들면 숙이 어머니처럼 납작코를 복코라고, 노래를 못하는 사람에게 그만하면 잘하는 거라고, 아픈 사람에게 전보다 많이 좋아 보인다는, 등등의 긍정적인 말로 표현해주는 사람이 많으면 모든 사람들이 훨씬 희망을 갖고 살맛이 날 것 같다는 생각이 든다.

삼십여 년 전 교직에 있을 때, 코가 오뚝하고 날씬한 여선생님에게 동료교사가 날씬하다는 뜻으로 "선생님은 배싹 말라서 좋겠습니다."라고 말한 적이 있었다. 날씬한 선생님은 어쩜 남의 심정도 모르고 그렇게 심하게 말할 수가 있냐고 여러 번 말하였다. 뚱뚱한 사람에게 뚱뚱

보라는 말보다 더 심한 충격을 받으신 것 같았다. 지금 80세가 넘으셨는데도 가끔은 배싹 말랐다는 말을 잊지 않고 계신다.

또 내가 3학년을 담임할 때 동료 직원의 딸을 가르친 적이 있었다. 아이 이름이 경아인데 경아 어머니는 경아에게 "너의 선생님은 뚱뚱해서 보기 싫어."라고 말했더니 갑자기 "아니야 우리 선생님은 뚱뚱한 게 아니라 튼튼하단 말이야."라고 하며 울음을 터뜨렸다는 애기를 학교에 와서 하시는 바람에 옆에 있던 선생님들이 모두 한바탕 웃었다. 경아는 집에 오면 담임 선생님 자랑을 하도 많이 해서 엄마가 농담 삼아 말했다가 쩔쩔맸다고 하셨다. 하물며 어린 학생도 센스가 있고 어떤 말이 좋은지 알고 있는데 선생님으로서 동료 교사의 아픈 곳에 화살을 쏜 셈이니 생각 없이 던진 돌에 개구리가 맞아 죽는 격이 되었다.

나 역시 소녀시절에 숙이 어머니로부터 들은 얘기를 오십여 년이 지난 지금에도 기억하고 있으니, 그것이 평범한 말이었으면 그냥 흘려버렸을 것이나 복코라는 좋은 뜻이었기에 수십 년이 지나도 기억에 남는 것 같았다. 그래서 말이란 함부로 하면 자기도 모르게 죄를 짓는 경우가 있다. 이왕이면 듣기 좋고 희망적인 언어를 쓰면 세상이 더 밝아질 거라고 믿는다.

요즘도 숙이네 집 근처를 지나노라면 "숙아, 복코 가진 아이가 왔다."라고 하시던 숙이 어머니의 쨍쨍한 음성이 메아리가 되어 바람결에 들려오는 듯하다.

(2015. 3)

친구야 보고 싶다

"할머니, 시험기간이라 못 가요." 중학교 3학년인 손녀의 대답이다. 한번 다녀가라고 했더니 이렇게 대답하면서 중간고사 끝나면 온다고 한다. 불현듯 나의 중학교 3학년 중간고사 때 생각이 떠올랐다. 윤자와 나는 지방 출신이라 그런지 유달리 친해졌다. 윤자는 전북 이리에서, 나는 충북 청주에서 서울로 이사 오는 바람에 편입시험을 보고 입학하게 되었다.

윤자는 날씬하고 얼굴엔 주근깨가 좀 있으나 예쁘장하고 잔잔한 미소를 짓는 내성적인 친구다. 반면에 나는 뚱뚱한 편이고 항상 잘 웃으며 외향성인 성격으로 대조적이다.

시험 때는 일찍 끝나기 때문에 윤자가 자기 집에 가서 공부하자고 하여 마다않고 같이 갔다. 보문동 한옥으로 모여 있는 한가운데 집이다. 넓은 마당은

도끼다시로 되어 있고 수도가 놓여 있어 세면 및 빨래도 자유롭게 할 수 있어서 편리하게 되어 있다. 대청마루도 넓고 바람이 잘 통해서 참 시원했다. 그 시절에는 이런 집들을 선호했다. 'ㄷ'자 집으로 크고 좋았다. 그러나 화장실은 대문 옆에 있고 부엌도 입실이 아니어서 현재의 단독주택을 생각하면 그때의 한옥은 매우 불편했다. 지금은 한옥도 개조하여 주방이며 화장실, 방들이 모두 양옥처럼 입실로 되어 있어서 매우 편리하다. 시험이 있을 적마다 윤자네 집에 갔다. 윤자 어머니께선 웃으시며 반가이 맞아주셨다. 매우 명랑하신 분이다. 우리가 집안으로 들어오는 것을 보자마자 "뚱뚱이와 홀쭉이 오늘 밤에 또 만났네." 하며 놀리신다. 부끄럽기도 했고 뚱뚱한 것이 원망스러웠다. 그래도 풍성한 점심상을 받고 배가 부르니 잠시 속상했던 마음도 다 풀어졌다. 사실 공부보다는 진수성찬 밥상이 더 맘에 들어 시험 땐 늘 윤자네 집에 갔다. 그때나 지금이나 먹성이 좋아 살을 빼지 못해 뚱뚱하다. 단짝이 되어 기동차로 등하교하면서 우정이 점점 깊어갔다. 윤자는 새끼손가락 하나가 소아마비에 걸려 사범학교 지원은 포기하고 동덕여고에 원서를 냈다.

학교가 갈라지면서 만나지 못했다. 사범시절엔 숙제도 많고 교생실습 등으로 바쁘게 지내서 윤자 생각은 아예 하지도 못했다. 몸이 멀어지니 마음도 멀어진 것 같았다. 졸업 후 일찍 결혼을 하게 되어 동생 편에 청첩장을 보냈더니 이사 갔다고 그냥 돌아왔다. 왜 진작 찾아보지 못했나 하고 이제서 후회를 했다. 결혼할 때에야 생각하다니 내가 너무 무심했다고 자책도 했다. 뚱뚱이와 홀쭉이라고 놀리시던 윤자 어머니도 보고 싶었다. 윤자와 헤어진 후 생각해 보니 육 년이란 세월이 흘러간 것이었다. 동덕여고에 다닌다는 소식을 들은 후 만난 적이 없었다. 어디에 가서 윤자를 찾아야 하나? 연락이 되지 않는다고 생각하니 더욱 보고 싶었다.

KBS에서 헤어졌던 사람을 찾아주는 프로를 보면서 방송국에 부탁해 볼까 하는 생각도 했다. 시집은 갔겠지? 아이들은? 남편은? 친정 부모님은? 등등으로 궁금하다. 아련하게 떠오르는 윤자와 시험공부를 하면서 이야기도 하고 풍성한 점심 대접을 받던 때가 옛날이 되었다. 이사 갔다고 그냥 돌아왔을 때 내가 직접 찾아가 볼 걸…. 너무 아쉬움이 많았다. 이제 종심(70)에 들어선 나이에 중학교 때 친구를 찾는다는 것은 어렵겠지만 너무 보고 싶다. 자식들은 짝을 찾아 모두 떠나고 혼자 있을 땐 책도 보고 하모니카를 불면서 옛 생각에 잠겨 본다.

윤자야, 많은 세월이 흘렀는데 너도 나를 생각하니? 내가 결혼한 후 친정집에 한 번 찾아왔었다던데 어머니가 시집갔다고만 얘기하셨다고 들었어. 그때 내 근무처라도 가르쳐 주셨더라면 찾아왔을 테지? 윤자야, 서울엔 살고 있니? 옛사람을 찾아주는 곳이 방송국뿐인가, 정말 보고 싶구나!

소녀시절에 헤어진 친구가 지금 왜 이리 보고 싶은지…, 그때엔 그렇게도 듣기 싫었던 '뚱뚱이와 홀쭉이 오늘 밤에 또 만났네.'라고 놀리시던 윤자 어머니의 목소리가 너무 그리워 또 한 번 들어봤으면 좋겠다. 지금도 건강하실까?

지금도 성북천을 걷다가 보문동 한옥들을 보면서 윤자의 얼굴을 떠올려 본다. 현재는 높은 건물에 가려서 볼품없이 보이지만 옛날에는 근사하고 몹시 돋보였다.

윤자야, 우연이라도 만나게 해달라고 하나님, 부처님, 모든 신령님께 빌어보련다. 옛날 단짝으로 지낸 너와 다시 만나자는 약속도 없이 헤어진 게 너무도 안타깝다. 지금 왜 잊고 있던 윤자가 그리 보고 싶을까? 바쁘게 지내면서도 때로는 누구에게나 찾아오는 고독감을 어찌할 수가 없기 때문이 아닌가. 그래서 옛 추억이 그리워지고 그 중에도 유독 생각나는 사람이 있었다. 특히 '뚱뚱이와 홀쭉이'라고 놀리시던 윤자 어머니의 목소리가 들리는 듯하다. 아무쪼록 잘 살기 바라는 마음으로 옛 친구가 보고 싶어 노래를 불러본다.

푸른 강물 위에다 작은 배를 띄우고 찰랑대는 강가에
서로 손을 맞잡아 지난 일 생각하며 앞날을 맹세할 제
새 희망에 벅 차는 두 가슴은 뛰었네 생각하면 그 옛날
삼 년(수십 년)이 흘렀구나 그리운 내 동무야 그대 지금 어디뇨

노래가 끝나기도 전에 전화벨이 울렸다. 손녀가 내일 온다고 한다.

(2014. 5)

헌혈하세요

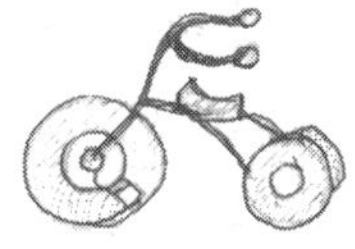

어떤 일을 할 수 있을 때는 하찮게 생각하고 소중함을 모르는 경우가 많다.

몇 해 전 친구 모임에 가기 위해 종로 3가 인도로 바삐 걸어가고 있었다. 갑자기 아주머니 한 분이 앞을 가로막으며 "헌혈하세요."라고 붙잡는다. 깜짝 놀라 '웬 헌혈?' 하면서 얼굴 한번 쳐다보고 모르는 척 휙 지나갔다. 아니 내 나이가 몇인데 헌혈을 하라니, 어이가 없었다. 그러나 헌혈하라는 말은 아직은 건강하게 보였다는 것이 아닐까? 오히려 긍정적인 생각에서 이 나이에도 혈액이 깨끗하여 쓸 수만 있다면 헌혈할 수도 있지 않을까 하며 고교시절의 추억이 떠올랐다. 그때의 일만 생각하면 너무 어처구니가 없어서 누구에게 말하기조차 부끄러웠다.

고교 일 학년 여름이었다. 감색 스커트와 흰색 반소매 상의에 허리벨트를 매는 의상이 우리 학교 교복이었다. 가까이 지내는 일곱 명의 친구가 있었는데 하나같이 뚱뚱하여 자칭 뚱뚱이클럽이라고 불렀다. 굵은 종아리를 감추기 위해 스커트를 길게 입고 허리는 벨트로 조였으나 뚱뚱해 보이기는 마찬가지다. 날씬한 친구들을 보면서 너무나 부러웠다.

어느 날 우리 뚱뚱이클럽은 어떻게 하면 살을 좀 뺄까 고민하다가 피를 빼면 살이 빠지지 않을까 하는 어떤 친구의 말에 모두 공감을 했다. 그 당시는 병원에서 채혈하면 피의 값을 돈으로 주었던 시절이다. 우리는 살도 빼고 용돈도 생기니 일거양득이 아닌가 하며 병원을 찾았다. 다섯 명이 실천에 옮기기 위해 신설동에 있는 수도육군병원으로 갔다. 교복을 입고 책가방을 든 채로 채혈실로 갔다. "채혈하러 왔습니다."라고 하니 의사는 떼 지어온 여학생들을 죽 둘러보시고는 검사를 해서 혈액이 80%가 되어야 뺄 수 있다고 하셨다. 잠시 후 귓불에서 약간의 혈액을 채취하여 검사를 받았는데, 네 명은 실격(80% 미만)이고 나만 88%가 되었다. 막상 피를 뺀다고 생각하니 좀 무서웠다. 누워서 500cc의 병에 호스를 연결하고 팔뚝의 파란 혈관에 바늘을 꽂으니 붉은 피가 병 속으로 분수처럼 솟아올라 금방 한 병이 가득 채워졌다. 좀 아까운 생각도 들었다. 의사가 얼마간의 돈을 주시는 것을 보고 친구들은 몹시 부러워하는 표정이었다. 개선장군이나 된 양 친구들을 이끌고 바로 근처 신설동 로터리에 있는 진설당(빵집)으로 우르르 몰려갔다. 빵을 종류대로 쟁반 가득 담아서 실컷 먹었다. 물론 집에는 일절 비밀이었다. 부모님이 아시면 혼쭐날 것이 불 보듯 뻔했기 때문이다.

얼마 후 면목동에 사는 친구가 우리한테는 말도 안 하고 그 병원으로 가서 70%가 넘었으니 채혈해 달라고 졸랐단다. 의사는 학생의 성화에 채혈해 주었는데 이 친구는 버스에서 내려 둑 위를 걸어가는데 진땀이 나고 정신이 희미해지며 죽을 것만 같았단다. 마침 미장원 앞이라 미장원 문고리를 잡고 쓰러졌다고 했다. 깜짝 놀란 미용사는 늘 머리 자르려고 오던 학생임을 알고 소파에 눕혔다. 물을 먹이고 좀 있으니 정신이 돌아왔으나 기운이 없어서 말도 못하고 겨우 집으로 갔단다. 그 이야기는 한참 뒤에 들었다. 혼자 가서 채혈을 했다는 것은 용감한 건지, 겁이 없었던 건지, 친구들은 대단하다고 입을 모았다. 잘못하면 빈혈로 죽을 수도 있지 않는가. 우리 모두가 어리석기 짝이 없었다.

채혈하면 금방 피가 생성되니 한 달 후에 검사해 보라고 하던 의사의 말씀이 생각나서 다시 병원에 갔다. 검사 결과 100%가 꽉 찼다는 말을 듣는 순간 얼마나 기쁘고 신기했던지, 가슴을 쓸어내리기도 하고 안도의 숨을 내쉬었다. 정말 신기했다. 하지만 아무리 혈액이 확보되었다고 하나 두 번 다시 채혈할 생각은 없었다. 그 후 반세기가 지나도록 채혈했다는 것조차 잊고 살았다.

지난번 동창나들이에서 우연히 그때의 친구들이 모여서 옛날이야기가 나왔다. 모두 철부지 행동을 했다고 한바탕 웃으며 어리석은 행동을 한 것에 대해 한마디씩 했다. 그런데 그렇게 뚱뚱해서 고민했던 시절은 다 어디로 갔는지, 지금은 가만히 있어도 살이 빠진다고 하는 친구들이다. 그때나 이제나 뚱뚱함을 고수하는 사람은 나뿐이었다. 그때 채혈하고 가다가 쓰러진 친구는 갑상선, 무릎, 배, 뇌종양, 폐 등등 여러 가지 수술을 했다. 지금은 날씬하다 못해 너무 마른 상태다. 또 왜소해지고 주름이 많아졌다. 다른 두 친구는 이유도 없이 살이 빠져서 기운이 없다고 한다. 살(근육)은 뼈를 보호해 주고 면역이 생기는데 도움이 되어 질병도 잘 걸리지 않는단다. 살 빠진 친구들은 역시 뚱뚱했을 때가 볼품은 없었지만 건강했던 것 같다고 했다. 피를 빼면 살 빠질 거라고 생각한 때를 돌이켜보면 참으로 웃긴 일이었다. 헌혈이라도 했더라면 애국자라는 자부심이라도 갖겠지만 돈을 받고 채혈했다는 것은 큰 수치였다. 살도 빼고 돈을 받자고 헌혈한 게 얼마나 어린 마음에 그랬나 싶어 피식 웃음이 나온다. 지난날 헌혈하라고 붙잡혔을 때 한 번 해볼 걸 하고 후회도 된다. 지금도 "헌혈하세요." 하는 사람을 어쩌다 볼 수 있지만 이젠 나를 붙잡지도 않고 말도 안 한다.

할머니가 다된 지금 옛날을 회상하며 역시 친구 만나러 종로를 걸어간다. "헌혈하세요." 하는 젊은 아낙네의 목소리가 들리는 듯하다. 또한 그 시절이 그립기까지 했다. 젊었을 때 헌혈 한번 못해보고 여기까지 왔으니….

막내아들은 병역의무에 충실하던 시절 부대 안에서 여러 번 헌혈을 했고 또 길거리에서 수도 없이 헌혈했다고 헌혈증을 보여주며 위급할 때 혈액 도움을 받을 수 있다고 한다. 역시 막내아들이 엄마보다는 훌륭하고 대견했다. 지난날 친구들과 몰려가서 채혈했다는 얘기는 차마하지 못했다. 지금도 나에게 "헌혈하세요."라고 한다면 기꺼이 응할 것인데 아무도 거들떠보지 않으니 좀 서글픈 일이기도 하다. 검사에 통과될지 모를 일이지만.

(2016. 5. 30)

영원히 선배로만

좋아하는 언니로부터 한 권의 시집을 선물 받았다. 문득 까마득한 옛날, 군에 입대하는 학교 선배에게 시집을 선물로 주었던 일이 생각났다.

졸업을 일 년 앞두고 친구들 일곱 명이 모임을 만들었다. 일 년 선배와 그의 친구 K대학생 두 명도 모임에 있었다. 모이면 주로 학교 이야기와 졸업반인 선배 이야기 등으로 꽃을 피웠다. 졸업하더라도 모임을 계속 유지하자고 약속했다. 모임 이름도 서로 의견을 모아 혜성(慧星)클럽이라고 지었다. 지혜롭고 별처럼 빛나는 모임이 되자는 뜻이다.

겨울방학이 되어 백운대 등산을 하고 내려오면서 넓은 바위에 자유롭게 걸터앉아 쉬고 있었다. 누가 먼저 시작했는지 「희망의 속삭임」을 부르니 약속이나 한 듯 2부 합창이 되었고 이어서 「잘있거라 내 고향」 「들장미」 등의 노래를 부르니 화음이 좋아

기분이 상쾌했다. 도봉산, 진달래능선, 태능 등 거의 등산을 하면서 친목을 다졌다.

선배가 졸업을 하고 S초등학교로 부임했다. 다 같이 축하를 해주었다. 선배는 고맙다고 첫 봉급을 타서 제과점에서 맛있는 빵으로 한턱을 냈다. 그 시절 학생들은 다방도, 음식점도 못 가고 오직 제과점만 허용되었다. 초등학교 교사가 된 선배는 우리들에게 그림을 한 장씩 그려달라고 부탁했다. 학습 자료로 모조지에 그림을 그려 괘도로 만들어 활용한다고 했다. 주로 자연과에서 봄에 피는 꽃, 나물 종류… 등이다. 포스터컬러로 정성껏 그려주었다. 그럴 때마다 선배는 빵으로 보답을 했다. 그때는 빵이 정말 맛있었다.

일요일 오후 거울 앞에서 이리 보고 저리 보며 몸치장을 하고 나갔다. 오빠는 동생의 모습이 수상했는지 뒤를 몰래 따라왔다. 그리고는 "학생들이 공부는 안 하고 모여서 뭐 하느냐, 빨리 집으로 들어가라"고 야단을 쳤다. 친구들과 선배에게 미안했다. 오빠의 훼방으로 우리는 모두 헤어지고 말았다.

얼마 후 선배는 군에 입대하라는 영장이 나왔다고 마지막으로 한번 만나자고 했다. 비가 주룩주룩 내리는 일요일 오후 우리는 역시 제과점인 진설당에서 만났다. 입대 기념으로 시집 한 권을 선물했다. 건강하게 병역의무 잘 마치고 돌아오기 바란다고 편지도 한 장 써서 넣었다. 마지막이라 생각하니 섭섭했다. 선배와 눈이 마주치면 얼굴이 화끈거리고 가슴이 두근거렸다. 선배도 나를 좋아하고 있다는 것을 눈빛으로 알 수 있었다. 집에 와서도 선배의 따뜻한 눈길과, 수줍음을 타면서도 겸

손했던 모습만이 눈앞에 아른거렸다. 어느덧 그리움으로 이어졌다.

편지 한 번 오겠지 하고 은근히 기다렸다. 졸업반이 되어 교생실습 등 바쁜 와중에도 혹시나 하고 편지 오기를 기다렸다. 그러다가 어느 날 잘게 찢어진 편지를 휴지통에서 발견했다. 선배로부터 온 편지라는 걸 한눈에 알아보았다. 문간방에 있는 오빠의 행위라고 생각하니 야속하고 괘씸하기 짝이 없었다. 편지들을 몇 번이나 찢어버렸을까? 눈물이 나도록 안타까워하며 몇 조각을 대강 맞춰서 보았다. 답장을 기다린다는 내용이었다. 속상했다. 이러한 나의 심정을 선배는 알까? 오빠가 너무 미웠다. 그 후로 대문을 지킬 수도 없고 오빠한테 항의도 못하고 그리움만 간직한 채로 세월이 흘렀다.

시간이 지나감에 차차 그리움도 희미해져 가는 듯했다. 서로가 좋아한다는 말도 하지 않았고 더구나 약속한 것도 없었기에 그렇게 잊혀가고 있었는지 모른다. 솔직히 편지 한 번 받아보지 못한 섭섭한 마음은 속일 수 없는 사실이다.

결혼 후 아이들 키우느라 바쁜 가운데에도 가끔은 선배가 생각나기도 했다. 제대하고 학교로 돌아왔을 텐데…. 강습장에서라도 한 번 보았으면 하는 마음은 여전했다. 제대 후 내가 결혼한 걸 알았다면 어땠을까. 오빠가 편지만 가로채지 않았으면 선배와 나는 어쩌면 엮어졌을지도 모른다.

여러 학교에 전근 갈 적마다 혹시 만나지는 않을까 하는 기대는 항상 있었다. 그런데 40여 년을 근무하면서 한 번도 만나볼 수 없었다는 것은 인연이 아니다 싶었다. 50여 년이 지난 지금에 와서 우연이라도 만난다면 반가움보다는 서로가 실망이 더 클 거라는 생각이 들었다. 꽃다운 나이의 모습에서 노인의 모습으로 변했으니…. 선배는 나를 아주 잊었을지도 모른다고 생각하니 마음이 달라졌다. 세월이 흘러 선배가 교장으로 정년퇴직한 것을 교육대학신문에서 보았다. 만약 선배와 인연이 되어 엮어졌더라면 어떻게 되었을까를 상상해 본다.

물론 내 남편은 누구나 내게 배우자를 잘 만났다고 이야기할 정도로 좋은 사람이다. 항상 응원해주고 지켜주는 남편과 사는 것이 행복하나, 인간은 언제나 가보지 못한 길에 대한 환상을 가지게 된다고 하지 않는가. 나이 차이가 있다 보니 아내를 항상 챙기고 매사에 잘 도와주었다. 나에게 어떤 고민거리가 있으면 모두 해결해 주는 해결사 역할을 해주어 든든하고 편안했다. 그래서 학교생활도 원만하게 정년까지 할 수 있었는지 모른다. 경제는 생각하지 말고 본인이 건강하고 즐거우면 끝까지 다니라고 말해주는 고마운 사람이다. 내 뒤에서 말없이 지켜주어 항상 기가 살아 어딜 가든지 씩씩하고 자신 있게 행동하지 않았을까!

시집을 선물로 받으면서 옛날 추억이 잠시 떠올랐다가 사라졌다. 이제는 언제 그랬었나 싶을 정도로 까마득하다. 세월이 그만큼 많이 흘러갔다는 거겠지!

(2012. 3)

4.

교직 이야기,
엄마 이야기

어느새 쌀쌀한 겨울바람이 불어왔다. 토요일 어린이회가 있는 날이다. 안건은 '불우이웃돕기'라고 했다. 예전엔 위문품을 가져와 고아원이나 양로원을 방문하여 전달했다. 이번에는 외부의 어려운 사람들을 돕는 것도 좋지만 가까이 있는 우리 반 친구를 돕는 것이 어떠냐고 담임의 의견을 말했다.

-「본문」 중에서

첫 발령

사범학교 졸업식을 맞이하여 가족과 친척들의 축하를 받으며 그동안 뒷바라지 해주신 부모님의 노고에 깊이 감사드린다. 정든 학교 정든 친구들과 뿔뿔이 헤어져 흘러간 지난날들이 주마등처럼 지나간다.

방과 후 오르간 연습으로 밤중에 집에 가던 일, 사생대회, 합창대회, 수학여행, 교생실습 등 모두 잊지 못할 추억들이다. 각자의 부임할 학교가 기록된 발령장을 가지고 나오면서 이제부터는 학생 때와는 달리 모든 행동에 모범을 보여야 함에 은근히 걱정이 되기도 하였다.

내일이 첫 출근이라 동창들과 종로미장원에서 파마를 하고 집으로 돌아왔다. 난생처음으로 해본 파마다. 파마머리에 익숙지 못한 우리들은 내일이 걱정되기도 하였다. 걱정했던 대로 아침에 일어나 보니 머리카락이 모두 하늘로 올라가 있어서 어떻게 해야 할지 몰랐다. 어머니께서 빗에 물칠을 해서 빗으면 머리가 가라앉는다고 일러주시어 물을 칠하여 빗으니 다행히 얌전해졌다. 발령장에 기록된 대로 서울 장위초등학교로 출근을 했다. K여자 동창과 같이 발령을 받아 혼자보다는 덜 어

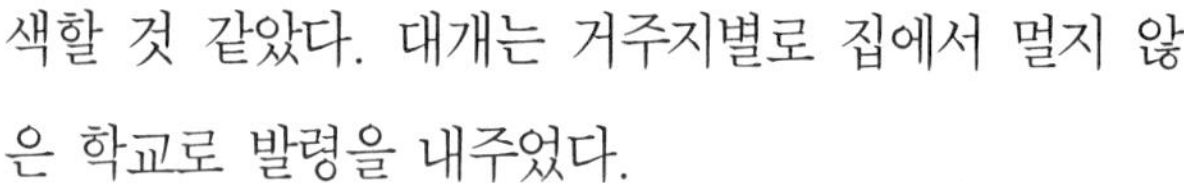
색할 것 같았다. 대개는 거주지별로 집에서 멀지 않은 학교로 발령을 내주었다.

학교에 가는 동안 머리에 바른 물기가 말라버려서 또 머리가 부스스하고 빗을수록 머리통이 커지며 바람에 날렸다. 틀림없는 갓 올라온 시골 처녀 같았다. 창피해서 죽을 지경이었다.

그런데 나와 같이 발령받은 K동창은 검정 투피스에 검정 백과 검정 하이힐을 신고 머리도 우찌마끼로 아주 단정하고 예쁜 모습으로 출근했다. 나와는 아주 대조적이다. K동창은 언니가 있어서 언니 옷을 빌려 입고 언니가 도와주었다고 했다. 나도 언니가 있지만 일찍 시집가서 내가 큰딸처럼 컸기에 상황이 달랐다. 세련된 K동창을 보니 내가 더 촌스럽고 어제 밤늦도록 파마한 것이 몹시 후회가 되었다.

교장실에 가서 교장 선생님 말씀을 듣는 도중 K동창이 갑자기 쓰러지며 정신을 잃었다. 교장 선생님도 나도 너무 놀랐다. 학교 아저씨가 K동창을 업고 병원으로 달려갔다.

교무실 선생님들도 신졸 교사가 쓰러졌다고 놀라며 왜 그러냐고 나에게 물어왔다. 나도 모르기는 마찬가지다. 왜 쓰러졌을까 어디가 아팠나? 혼자 곰곰이 생각해 보았다.

정식 인사도 없이 교무실에 앉아 있으려니 계면쩍고 행동하기가 불편했다. 3월 13일인데도 영하권에 드는 추운 날씨라 초등학생들의 봄 방학을 일주일 더 연기하여 아이들은 등교하지 않았다.

교사들만 출근해서 교재 연구와 아이들이 개학해서 불편 없도록 만반의 준비를 하면서 일주일을 그렇게 지냈다. 퇴근할 때마다 K동창 집에 들러서 학교 소식도 알려주고 위로도 하며 이야기를 많이 나누었다. K동창은 전부터 폐가 좀 좋지 않았는데 감기가 심하게 와서 각혈까지 했단다. 약을 먹으며 일주일쯤 쉬었다. 출근하기 전날 밤새도록 앓았는데 첫 출근이라 할 수 없어서 겨우 왔단다. 너무 긴장했는지 어지러웠다고 했다. 늘씬한 몸매에 멋지다고 칭찬까지 해주었는데, K동창이 정말 안쓰러웠다.

K동창은 다행히도 일주일 후에 수척해진 얼굴로 출근했다. 드디어 교직원들 앞에서 정식으로 부임 인사를 하니 이제야 마음이 놓였다. 우리가 부임하기 전에 이미 학급 담임 발표를 끝내고 3학년 두 반을 우리 몫으로 비워두었다. K친구는 3학년 2반 나는 4반을 담임하게 되었다. 학생 수보다 교실이 모자라서 오전 오후반으로 수업을 한다. K동창과 같은 학년 같은 부여서 아주 좋았다.

학교 친목회에서, 동창회에서 환영회를 해주니 친절한 배려에 선생님들과 가까워짐을 느꼈다. 학생에서 교사로 완전 탈바꿈된 우리는 천천히 교직 생활에 익숙해가고 있었다. 교직의 최일선에서 나와 만나는 모든 아이들에게 온갖 열정을 쏟아보자. 또 교육감님 말씀처럼 우리나라의 기둥이 될 새싹들을 훌륭하게 키워보리라. 스스로 다짐도 해본다.

발령장을 들고 가슴 두근거리며 첫 출근하던 날은 K동창이 쓰러져서 정식 인사도 못하고 쑥스럽게 일주일을 보냈던 것을 생각하면 고통스러웠지만 오래도록 추억으로 남게 되었다. 시작을 멋지게 하고 싶었는데 뜻하지 않은 일로 첫 출근의 꿈은 망쳐버렸다. 내가 이렇게 아쉬운 생각이 들 때 K동창은 얼마나 속상했을까? 그야말로 몸이 괴로우니 다 귀찮고 정신이 없었을 것이다. 그렇게 쓰러질 정도로 아프면서도 출근한 K동창은 그래도 인내와 의지력이 강하다고 생각되었다. 첫 출근이라 정해진 날에 꼭 부임해야 된다는 의무감과 같은 압박이었지 않았을까? 아마 K동창은 지금도 그 당시의 일은 생각하기조차도 싫을 것이다. 첫 발령에 의한 첫 출근은 엉망으로 끝났지만 우리의 꿈은 이제부터 펼쳐보리라.

오늘 가르쳐준 동요 「흰 구름 푸른 구름」을 풍금으로 치면서 하루의 피로를 날려본다.

마음이 갑갑할 땐 언덕에 올라 푸른 하늘 바라보자 구름을 보자 저 산 넘어 하늘 아랜 그 누가 사나 나도 어서 저 산을 넘고 싶구나

(2010. 4)

가장 좋은 친구가 된 L선생

L선생은 마주 앉아서 나를 물끄러미 바라보더니 정색을 하고 말을 했다. "선생님 남편은 참 힘들겠어요. 선생님을 안아주려면 앞에서 한 번 뒤에서 한 번 안아주려니, 얼마나 바쁠까요?"

3월에 새로 부임한 학교에서의 일이었다. 전 학교에서 아이 둘을 연년생으로 낳고 또 이어서 임신이 되어 부끄러워 말도 못하고 있었다. 의복도 펑퍼짐한 임신복을 입고 부임했다. 72년도에는 자루 같은 원피스가 유행이어서 처녀나 애기 엄마나 다 입고 다녔다. 배가 좀 불렀지만, 워낙 몸집이 있어서 아무도 아기 가진 것을 눈치채지 못했다.

L선생과 나는 서로 다른 학교에서 왔기 때문에 여기에서 처음 만났다. 그래서 아직 친숙한 사이도 아닌데 민망한 언사를 함부로 쓰다니 불쾌한 마음에 앞서 황당했다. 그래서 불쑥 나온다는 말이 "내 그럴 줄 알고 팔만 긴 사람을 남편으로 골랐네요."라고 하자 주위가 한바탕 웃음바다가 되었다. 유머러스하지만 가시가 있는 질문에 코미디 같은 대답을 했다. L선생은 왜 나에게 웃지도 않고 이런 거슬리는 말을 했을까 생각해 보았다. 만만해 보여서? 아니면 친근감이 들어서? 어떻든

관심을 보인 것만은 사실이라고 생각했다.

L선생과 같이 근무하면서 어려움도 가시고 가까운 사이가 되었다. 그래도 아기 가진 것은 말하지 않았다. 다섯째 아이를 가졌다면 또 얼마나 야만인이라고 놀릴까? 날이 가고 달이 가면서 배는 점점 불러왔다. 점심때는 가지고 온 도시락을 펴놓고 둘러앉아 밥을 먹는다. 오전수업으로 밥맛이 꿀맛이었다. 게다가 나는 2인분이 아닌가! 2인분을 먹어야 한다고 농담처럼 말을 해도 알아듣는 사람이 없었다. 왜 2인분이냐고 묻는 사람도 없었다. 친해진 L선생만 가끔씩 한마디 한다. 아니, 하늘 높은 줄은 모르고 땅 넓은 줄만 아나 봐요? "예, 걱정해 줘서 고맙습니다."

여름방학 중에 출산을 하고 개학 임박해서 산휴신청을 위해 출산 신고를 했다. 같은 학년 선생님들이 축하한다고 집으로 몰려왔다. "감쪽같이 몰랐네요. 어쩌면 티도 안 내고 연구수업까지 할 수 있었을까요?"라고 칭찬인지 흉인지 모르게 떠들었다. 학교 소식을 알려주며 저녁까지 먹고 산후조리 잘하고 나오라며 돌아갔다. L선생은 연년생인 아들만 둘이다. 딸이 있기를 바랐지만 또 아들을 낳을까 봐 안 낳는다고 했다. 딸이 많아 아들 낳기를 바라는

나에게는 부러움의 대상이었다. '세상은 참 고르지도 못하군.'

찬바람이 불고 영하의 날씨가 계속되는 겨울방학 어느 날이었다. 급한 벨소리에 대문을 열고 나가보니 뜻밖에도 L선생이었다. "추운 날 어떻게 소식도 없이…." "우이시장에 왔다가 너무나 추워서 왔는데 내복 좀 빌려줘요." 그러고 보니 L선생 얼굴이 새파랗게 얼어 있었다. "어서 들어와요. 몸 좀 녹이세요." 깔려 있는 담요 밑에 손발을 녹이고 세탁해 놓은 내복을 입혔다. "새것이 아니어서 미안해요." "아유, 이제야 살겠네." L선생은 다시 시장으로 갔다. 나를 믿고 찾아준 L선생이 더없이 정답게 느껴졌다. 우리는 비슷한 점이 많다. 같은 수유리에 살며 나이도 같았지만, 솔직하고 항상 잘 웃으며 의리가 있다. 내 두 아들을 잠시 잃어버려 헤매고 다녔을 때에도 제일 먼저 달려와 같이 찾으러 다녔다. 하루도 안 보면 궁금해서 견딜 수가 없었다. 그래서 각자의 사생활을 모르는 것이 거의 없다. 또한 L선생의 큰아들을 일 학년 때 담임하게 되면서 더욱 가까워졌다.

그 학교에서 임기가 끝날 무렵 각자가 다음 발령이 날 학교는 어디일까를 생각하며 희망하는 학교 이름을 말하곤 했었다. 그런데 L선생은 남들이 가기 싫어하는 상계동에 있는 SS학교에 발령이 날 거라고 말했다. 왜 그렇게 생각하느냐고 물으니 예감이 그렇다고만 한다. 모두 웃으면서 그래도 희망하는 학교를 말해보라고 해도 "난 틀림없이 SS학교에 날거야"라고만 했다.

그 후 2월 말쯤에 아이들 봄방학과 함께 전보 대상 선생님들의 발령

통지서가 왔다. 발령장을 보고 깜짝 놀랐다. '말이 씨가 된다더니' 자기가 입버릇처럼 말한 대로다. 너무 신기해서 서로 얼굴만 쳐다보았다. 우리들이 원하는 학교는 다름 아닌 집 가까운 학교다. L선생이 말한 SS학교는 멀기도 하지만 비포장도로라 교통이 아주 불편하다. 선생님들이 "영전을 축하합니다."라고 인사를 하는데 L선생한테는 할 말이 없었다. 평소에 말한 대로 되었으니 잘됐다고 할 수도 없고 정말 딱했다. 우리는 동학년의 정을 생각하여 모임을 만들고 각각 발령장을 들고 떠나갔다. 새 학교로 가면서도 L선생이 마음에 걸렸다.

매달 모임에서 새로 부임한 학교에 대해서 이야기꽃을 피웠다. 만날 때마다 L선생 이야기가 제일 궁금했다. 30분 간격으로 버스가 오는데 항상 만원이라 탑승하기가 어렵다고 했다. 그리고 버스 속에서의 시달림 때문에 학교에 가면 힘이 빠져 수업을 할 수가 없단다. 무더운 여름철 퇴근시간엔 버스 기다리는 동안 남녀노소 할 것 없이 쭈쭈바를 들고 쭉쭉 빨아먹는 모양이란 가관이라고 했다. 또 L선생의 일, 이 학년 아들 둘은 마침 가정부가 없던 때라 집이 비어서 담을 넘어 들어가곤 했단다. 이러다간 아들들이 도둑처럼 못된 습성이 생길 것 같아서 여러 날 고민을 하다가 교직 생활 20년을 못 채우고 사표를 내고 말았다.

40여 년이 지난 오늘날에도 L선생과는 애경사도 함께 하며 살아왔다. 지금 생각하면 이렇게 좋은 친구를 두게 된 것은 처음 만났을 때 나에게 향한 L선생의 어이없는 화살이 아닌가 싶다. 그때 화를 내지 않고 유머로 대답한 것은 아주 잘했다고 본다. 아마도 L선생은 이미 나를 좋게 보고 친구가 되고자 선수를 쳤는지도 모른다. 친구들도 많지만 첫 번째 손가락에 꼽아도 손색이 없을 만큼 믿음직한 친구다. 자기 신상에 변화가 있을 때에는 전화상으로라도 꼭 얘기한다. 그래서 모든 회포를 풀고 서로가 위로하고 위로를 받으며 항상 이심전심으로 웬만한 일은 해결이 된다. 까딱하면 상대 못할 사람이라고 오해를 할 뻔했던 L선생이 가장 좋은 친구가 되었다.

아무리 극한 상황이라도 때에 따라서는 한 걸음 뒤로 물러서서 여유를 갖는 것도 중요하다. '참는 자에게 복이 있나니.' '웃으면 복이 와요.' 라는 말이 떠올랐다.

세월에 장사가 없다고, 지금은 우리 부부도 몸이 많이 줄어들었다. 앞에서 한 번, 뒤에서 한 번 안아야 될 만큼 젊고 배불렀던 시절이 다시 한번 돌아와 주었으면 좋겠다.

(2012. 3)

저승사자는 오늘 몇 반으로 갔는가

전보발령장을 받고 부임한 학교는 교육청 뒤에 있는 깨끗하고 아담한 H초등학교다. 60세에 가까운 교감선생님께서 보기에도 딱할 만큼 40대 중반의 교장선생님으로부터 받는 스트레스가 대단한 것 같다. 직원조회가 끝나고 젊은 선생을 시켜도 될 일을 "교감선생님, 저기 저 선풍기 들고 내 방으로 따라오시오."라고 명령을 한다. 나이 드신 교감선생님께서 선풍기를 안고 부지런히 쫓아가는 광경을 보고 있던 교직원들은 모두 굳은 표정으로 서로 얼굴들만 쳐다보았다.

교장은 연구수업을 공개하여 수업의 질을 향상시켜야 된다고 직원회 때마다 강조한다. 보통 쉬는 시간은 10분인데 2교시와 3교시 사이에는 중간체조가 있어서 20분의 휴식시간이 있다. 그 시간에 교장의 지시를 받은 연구주임으로부터 정해진 교과를 알려준 학급은 3교시에 공개수업을 해야 한다. 수업 참관은 교장, 교감, 교무주임, 연구주임이다. 평가회도 없이 종례할 때 수고했다는 교장의 말씀으로 끝난다. 만일 맨손 수업이었을 경우에는 성의가 없다고 질책을 받는다. 그야말로 자존심이 있는 대로 추락한다. 꼭 이런 방법으로 해야만 할까? 연구수업이라 함은 수업할 과목의 수업안을 작성하고 연구를 많이 하여 동학년 내지 전교 선생님들께 공개한 후 그 수업에 대한 평가회를 갖는 것이 종전의 연구수업이었다.

과목도 모르고 언제 차례가 올지 모르는 공개수업에 선생님들은 학교에 오는 발걸음이 무거웠다. 출근길에 서로 만나면 "안녕하세요? 오늘은 어느 선생님 차례일까요?"가 첫 번째 대화이다. 이미 공개수업을 끝낸 교사는 발을 뻗고 자지만 대기상태에 있는 교사들은 스트레스가 이만저만이 아니었다. 이왕 연구수업을 시킬 바에는 지정된 날짜를 주고 보다 바람직한 수업을 하도록 도와주는 것이 참관한 교사들에게도 배워가는 것이 있을 것이다. 날마다 둘째 시간이 끝나면 내 교실 앞에 연구주임이 나타나지 않을까 하는 조바심으로 마음들이 불안하다. 누구로부터인지 교장을 염라대왕, 연구주임을 저승사자로 불렀다. 오늘 저승사자는 어느 교실 앞에 나타났을까? 셋째 시간이 지나면 모두 궁금하게 생각한다.

심장이 약한 여선생 한 분은 언제 지목될지 모르는 연구수업 공개에 스트레스가 쌓여 얼굴과 몸이 야위어 가고 심지어는 병이 나서 결근까지 했다. 교육청 가까이 있는 학교라 태국, 일본 등에서 시찰단들이 자주 왔다. 그들이 올 때에는 예고를 하고 오기 때문에 문제가 없다. 남의 집에 방문할 때에도 예고를 하고 가는데 소위 연구수업을 공개하라고 하면서 준비할 시간도 주지 않고 참관하는 것은 무례하고 효과가 없다.

수업하는 선생님은 평상시보다 좋은 수업을 보이고자 하는데 갑작스런 명령하에 못한다고 할 수도 없고 그렇다고 학습자료도 없이 교과서만 가지고 수업한다면 제대로 된 연구수업이 아니라고 질책을 받는다. 사실은 교과서가 제일 중요한 학습 자료다. 여기서 학습자료라 함은 교과서 외에 보충자료다.

보충자료 없이 교과서만 가지고 수업한 교사는 갑자기 죄인이 된 것 같고 교장은 판사가 되어 언도를 내린다. 교장의 입장에서는 외국인의 시찰이 자주 있으므로 평소에 학습준비와 교재 연구를 철저히 하여 알찬 수업을 하라는 뜻인 것 같다. 그러나 평소에 잘하다가도 갑자기 수업을 공개하라고 하면 부담을 갖게 되는 것은 어쩔 수 없다. 내 집에 예고 없이 찾아오는 손님과 같기 때문이다.

어느 날 실내 중간체조가 끝난 후 내 교실 앞문에 저승사자가 버티고 서 있다. 올 것이 왔구나 하고 "어서 오십시오."라고 했다. 셋째 시간에 국사 수업을 공개하라고 한다. "예, 하지요." 하고 시간을 보니 수업 시작 10분 전이다. 그날은 시간표에 국사가 없는 날이다. 아이들도 국사준비는 해오지 않았다. '시간표에 없는 과목이라고 못할 것은 없다.'라는 마음으로 잠시 생각에 잠겼다.

모조지 한 장에 검은색 매직으로 우리나라 백지도를 얼른 그려서 칠

판에 붙였다. 셋째 시간이 시작되었다. "여러분, 오늘 시간표에 국사는 없지만 어제 내준 국사 숙제를 가지고 공부합시다."로부터 시작했다. 5학년 국사책에서 그날의 진도는 신라와 당나라의 무역에 해적선으로부터의 피해와 장보고의 활약으로 해적을 소탕시키는 내용의 단원이다. 숙제장 하나를 내놓고 과제학습을 했다. 숙제를 잘해온 아이들이 다투어가며 발표를 했다. 백지도에 컬러매직으로 노선까지 그려가며 아주 다양한 발표들로 오히려 재미있는 수업이 이루어졌다. 나는 정리단계에서 마무리만 해주었다.

종례시간에 교장은 시간표에 없는 과목을 시켜서 미안하다고 하며 과제학습이 참 효과적이라는 것과 아이들의 발표가 활발해서 좋았다고 했다. 칭찬은 고사하고 망신당하지 않은 것만도 다행이다 싶었다. 겪어야할 공개수업이 항상 하지 않은 숙제처럼 마음 한구석을 차지하고 있었는데 이제 시원했다.

교내 환경정리 심사가 가까워졌다. 높은 곳의 유리창을 닦다가 무리하여 유산한 선생님도 있었다. 모 학교에서는 바깥 유리창을 닦던 여교사가 화단으로 떨어져 사망한 일이 있었다. 그 후부터는 교사들에게 유리창 청소를 강요하지는 않았다.

또 영하 3도가 되어야 교실에 난롯불을 피웠던 그 시절, 0도밖에 안 되어도 체감온도는 영하 3도 이상으로 추웠던 때였다. 잠깐만이라도 불 좀 때자고 교감에게 건의했으나 교장선생님께서 허락을 안 하신다고 하셨다.

어느 날 60세가 넘으신 남자 선생님이 양동이에 물을 가득 담아 가지고 교무실로 와서 아이들도 냉장고 같은 교실에서 꽁꽁 얼어 있는데 교장실, 교무실은 왜 불을 피우느냐고 난로에 물을 부었던 일이 있었다. 심했지만 연세 드신 선생님을 이해할 수 있었다. 교장과 교사 사이에서 교감은 입장이 난처하여 더욱 곤란을 겪었다.

근래에는 연기 나고 연통 달린 난로 대신 스팀이나 온풍기로 해결하고 수업도 컴퓨터를 통한 멀티비전으로 영상자료가 풍부하여 교사들의 학습 자료를 제작하는 시간과 일손을 도와준다. 또한 옛날과 달라서 학교장이 교직원들의 사기를 진작시키고 합리적으로 교사들을 도와주는 아주 편리한 세상이 되었다. 교장, 교감, 교사들의 인화단결이 잘 되어야 학교가 발전하고 학생들도 행복하다.

교장은 교직원들에게 수호천사는 되어 주지 못할망정 경영자의 욕심과 명예를 위하여 스트레스와 고통을 주는 염라대왕과 저승사자라는 말은 듣지 않아야 되지 않을까!

(2011. 7)

현명하게 강도를 잡았습니다

교실 앞문 유리창으로 누가 들여다보는 것 같아서 눈길을 돌렸다. 그 순간 파란 와이셔츠에 스포츠머리의 단정한 청년과 눈이 마주쳤다.

1997년 4월 17일 오후 3시 20분, 서울 S초등학교에서 일 학년 부장을 맡고 있었는데, 아이들은 하교하고 매트에 앉아 생활기록부를 점검하고 있었다. 청년은 문을 조금 열고 "학부형이세요? 선생님이세요?" 하고 묻는다. "왜 그러세요?" 청년은 또다시 같은 질문을 반복했다 "왜 그러세요?" 나도 두 번을 똑같이 말했다. 청년은 문을 좀 더 열고 "학부형이세요? 선생님이세요?" 하고 또 묻는다. 그때서야 "내가 담임인데 왜 그러세요?"라고 대답하자마자 문을 확 열고 급한 소리로 "나, 삼촌이요. 삼촌." 하면서 교실로 어정어정 걸어와 구두를 신은 채 매트 위로 올라온다.

"신발 벗으세요." 했더니 다시 신을 벗고 올라와 양복 안주머니에 손을 넣는다. "누구 삼촌이세요? 앉으세요." 하며 위를 쳐다보는 찰나 그는 칼을 번쩍 빼 들고 왼손으로 내 자켓 앞자락을 쥐고 오른손으로는 목에 칼을 대고 "돈 내놔. 돈이 필요하니까, 돈 내놔." 소리친다. 그 순간 나를 놀리려고 코미디 하나?라고 생각하는데 "돈 내놔." 하는 소리가 또렷이 들렸다. 꿈도 아니고 강도가 맞구나! 하는 생각이 스치자 담담하게 "칼 치워, 돈 줄 테니."라고 말했다. 다시 "돈 내놔." 하며 칼을 더 들이댄다. 나 역시 "칼 비켜야 돈 줄 것 아냐?" 하며 큰소리로 말했다.

책상 위에는 꽃병과 가방이 있었고, 젊은 놈이 얼마나 급했으면…, 하고 돈을 주려고 하는 순간 그놈은 가방을 들고 교실을 빠져 뒤 운동장 쪽으로 뛰었다. 나도 얼결에 "강도야." 하고 따라가니까 가방을 내던지고 뒷문으로 도망쳤다. 때마침 교육청에 문서수발로 다녀오던 박 기사가 "강도야." 소리를 듣고 도망치는 녀석을 보고 쫓아갔다. 교무실로 뛰어가서 "큰일 났어요. 박 기사가 칼 든 강도를 쫓아갔어요." 하며 정신없이 외쳤다. 선생님들이 뒷문으로 나가보니 엎치락뒤치락하며 두 사람 모두 피투성이가 되었다. 강도가 박 기사의 등을 찌른 것이다. 학교의 두 기사가 합세하여 강도를 잡았다. 박 기사는 구급차에 실려 병원으로 옮겨지고 강도는 경찰에 연행하는데, 포승도 안 하고 너무 허술하게 데려가기에 "그 사람 칼로 사람을 찔렀어요. 조심하세요." 하고 경찰에게 한마디 했다.

그 후부터 몸이 후들후들 떨리기 시작했다. 양복 입은 신사들의 안주머니에는 모두 칼을 품고 다니는 것만 같았다. 이럴 때 제일 먼저 생각나는 사람이 남편이었다. 떨리는 목소리로 남편에게 전화를 걸었다. 남편은 "오늘이 당신 제삿날일 뻔했군." 하면서 학교에 무슨 강도가 들어오느냐고 오히려 나를 이상하다는 듯이 허허허 웃으며, "다친 데 없으면 됐어요." 하고 전화를 끊었다. 점점 발도 뗄 수 없게 굳어지는데 한 마디 위로의 말도 없다니…. 야속했다. 남편은 설마 강도라고 생각을 못한 것 같았다.

경찰차가 파출소에서 내리다가 강도를 놓쳤단다. '내, 그럴 줄 알았어.' 하고 중얼거렸다. 그때서야 경찰들은 정신이 번쩍 든 모양이다. 미아사거리 쪽으로 도망가는 강도를 따르며 "강도 잡아라" 외치며 쫓아갔다. 마침 전경들이 군데군데 서 있을 때였다. 눈치 빠른 전경이 뛰어오는 강도의 발을 걸어서 넘어뜨려 잡았다. 강도는 종암경찰서로 넘겨지고 조서를 꾸며야 된다고 나에게도 오라는 연락이 왔다.

동학년 선생님들과 경찰서로 들어가다가 조사받는 강도를 보았다. 교실에 들어올 때의 모습과는 전혀 딴판으로 눈에는 살기가 등등하고 씩씩거리는 모습이 성난 사자와 같았다. 녀석에게 얼굴 보이기 싫어서 얼굴을 가린 채 다른 방으로 가서 조사를 받았다.

담당 경찰관은 "어떻게 칼을 든 강도를 따라갑니까? 가방을 던지지 않고 칼을 던졌다고 생각해 보세요. 큰일날 뻔했습니다."라며 강도가 초범인 것 같아서 다행이었다고 한다. 조서를 끝내고 박 기사가 입원한 병원으로 갔다. 출장 갔던 교장선생님이 먼저 와 계셨다. "얼마나 놀라셨습니까? 무사하셔서 천만다행입니다." 하며 내 손을 잡고 따뜻하게 위로해 주셨다.

박 기사는 등에 꽂힌 칼이 폐까지 들어가 피가 몸속에 고여 호수로 빼고 있었는데, 의사는 젊고 몸이 건강하여 수술 안 하고도 나을 수 있다고 지켜보자고 했다. 나 때문인 것 같아 미안하기 짝이 없었다. 강도는 여교사 혼자 있는 교실을 택했던 것으로 보아 현장답사도 철저히 한 것 같고 그날이 교사들의 봉급날이라는 것도 알고 있었던 것 같았다.

다음 날 새벽 KBS 뉴스에 서울 S초등학교 교실에 강도가 들어와 학급 일을 보던 한 모 교사(55)가 침착하게 대처하여 강도를 잡았다는 방송이 나왔다. 나는 사건 당시 실감이 나지 않아 떨리지도, 무섭지도 않아서 침착할 수 있었던 것 같았다. 일주일 뒤 토요일 오후 현장 검증에 마네킹을 앉혀 놓고 재연하였다는 말을 들으니 끔찍했다. 그리고 공범자가 있는 것만 같아 한 달 이상 교실 문을 잠그고 수업을 했다. 방과 후에는 여교사들이 문을 잠그고 업무를 보았다.

틈만 있으면 강도의 칼 뽑는 환상이 자꾸 나타나서 도무지 일을 할 수가 없었다. 빨리 잊어버리는 방법이 없을까 생각해 보았지만 쉽지가 않았다. 계속 나타나는 환상이 내 머리를 어지럽게 했다. 다친 곳도, 잃은 것도 없고 사건 당시에도 실감이 나지 않아 당황하지도 않았다. 강도가 가방 들고 도망가지만 않았으면 돈을 주고 훈계를 하여 조용히 해결했을 텐데…, 그놈이 도망치는 바람에 사람이 크게 다치고 경찰서와 법정에까지 왔다 갔다 하게 되었다. 그런데 참 이상한 것은 강도와 실랑이 벌인 몇 분간은 심리적인 위축이 없었는데, 날이 갈수록 그때의 기억이 아른거려 견디기가 힘들었다. 한 달쯤 지나니, 희미해짐을 느꼈다. 그야말로 세월이 약이 되었다.

우리 사회에는 이보다 훨씬 더 무서운 일들을 당하고도 살아가는 사람들을 생각해 보았다. 가정파괴범으로부터 받은 상처와 후유증, 자식을 유괴당한 부모들의 안타까움 등에 비하면 아무것도 아니다. 십여 년의 세월이 흘러간 지금은 옛날얘기처럼 말하고 있지 않는가! 망각은 때로는 더없이 좋은 치료약이라고 생각되었다.

병원에 한 달 입원한 박 기사는 수술 없이 회복되었고 용감한 청년이라며 병원에서는 치료를 무료로 해주었다. 시청에서는 자랑스러운 시민상을 주었고, 교육청에서도 용감한 시민상을 표창했으며 얼마 후, 박 기사는 교육청으로 스카우트되어 갔다. 교직원들은 전화위복이 되었다고 박 기사를 위로하고 축하해 주었다. 전교어린이회에서는 씩씩한 아저씨를 돕자는 의견이 모아져 교사, 아동, 학부모가 성금을 내어 박 기사에게 전달했다. 이 사건이 모두 순조롭게 풀려서 학교로서는 물론, 나 자신에게도 너무나 다행이었다.

3개월쯤 뒤에 북부지원에서 출석요구서가 왔다. 조서를 또 작성했고 그곳에서도 경찰서에서처럼 어떻게 칼 든 사람을 쫓아가느냐고 매우 위험한 행동이었다고 한다. 그로부터 두 달 후에는 판사와 검사 앞에서 최종적으로 사건 당일에 있었던 질문에 '예', '아니오'로 대답했다. 끝으로 피고를 어떻게 했으면 좋겠느냐는 판사의 물음에 "나이도 젊고 초범인 것 같으니, 본인이 깊이 반성하도록 자극을 주는 가벼운 형으로 선처해 주기 바랍니다."라고 대답을 했다. 피고가 얼마나 형을 살게 될까? 등등 이런저런 생각을 하며 법정을 나왔다. 신성한 학교에 강도라니…, 우리 사회의 어느 곳이든 안전한 곳이 없다고 생각하니 마음이 씁쓸하다. 가슴을 펴고 녹색의 우거진 나무들을 바라보니 답답하던 가슴이 시원해졌다. "다 잘 되었다." 하늘나라 가신 아버지의 부드러운 음성이 들리는 듯하였다.

(2011. 8)

그 아이가 보고 싶다

3월 새 학기가 되면서 담임하게 된 5학년 출석부를 보는 순간 가슴이 뜨끔했다. 학교에서 도벽으로 리스트에 오른 아이 이름이 있는 것이다. 일 년 동안 어떻게 지도해야 할지 생각이 많았다. 선희(가명)는 아이들 손지갑은 물론 도서실, 과학실, 교무실에 계신 선생님들의 가방까지 가져다가 지갑은 꺼내고 가방은 학교 뒷마당 아무데나 버리는 문제아이로 알려졌다. 둥근 얼굴, 동그란 눈, 쨍쨍한 목소리에 작고 왜소하다. 그리고 한쪽 다리를 저는 소아마비 어린이다.

가정환경 조사서를 보니 아버지, 오빠만 있고 어머니는 공란으로 되어 있다. 방과 후 선희와 이야기를 해보았다. 아버지는 교도소에 있고 어머니는 집을 나갔다고 했다. 큰집의 방 한 칸에서 오빠와 산다고 한다. 큰엄마는 직장에 나가시므로 오빠가 밥을 해준단다. 급식비도 못내고 아침을 굶고 올 때가 많았던 것이다. 사정을 듣고 보니 참 딱했다.

한참 먹고 자랄 나이에 부모의 보살핌도 없이 사는 선희가 가엾어서 점심은 급식을 먹게 해주었고 학교생활에 취미를 갖도록 도와줘야겠다는 생각이 들었다.

어린이날 소운동회가 열렸다. 100미터 달리기를 하는데 절룩거리면서도 6명 중 4등을 했다. 정상적인 급우들을 능가했다는 사실에 놀라지 않을 수 없었다. 최선을 다해 달린 선희가 아주 훌륭했다고 칭찬했다. '하면 된다.'는 각오를 하면 무엇이든 할 수 있다고 강조했다.

마음이 울적할 때에는 노래를 부르면 한결 기분이 상승된다. 마침 여름방학을 앞두고 교내 경연대회가 열리게 되었다. 선희를 방과 후에 남겨서 노래연습을 시켰다. 음을 바로 내는 것부터 지도하여 음악 교과서에 나오는 「진달래꽃」 노래를 가르쳐서 경연대회에 내보낼 계획을 세웠다. 음치에 가까웠던 선희가 점점 좋아졌고 자신감을 가지게 되었다. 선희가 학교에서나마 행복한 시간을 보냈으면 좋겠다. 말이 없고 친구가 없던 선희가 점점 웃기도 하고 아이들과 어울리기 시작했다. 교실 밖에 나갈 때는 항상 선희에게 가방을 맡겼다. 고양이한테 생선을 맡깁니까? 옆 반 선생님께서 빈정거리듯 말씀하셨다. 소소한 심부름도 자주 시키어 많이 가까워졌다. 학교생활에 활기를 띠고 표정도 밝아졌다. 음악 시간이면 으레 독창은 맡아 놓았다.

산~에 산에 진달래꽃 피었습니다 진달래꽃 아름따다 날 저뭅니다
한 잎 두 잎 꽃 뿌리며 돌아옵니다 뻐꾹새 먼 울음도 들려옵니다

열심히 연습하여 경연대회에서 동상을 받았다. 노력한 만큼 거둔 것 같다. 선희를 믿어주고 귀여워 해주니, 아이들도 선희를 친절하게 도와주었다. 아이들은 담임 선생님의 눈빛과 태도에 상당히 민감하다.

2학기 어느 날 선희는 "선생님, 아빠한테 편지가 왔어요." 하며 명랑한 얼굴로 나에게 다가왔다. "아! 그래? 얼마나 기쁘니?" "아빠가 선생님이 고맙대요. 그리고 내년 봄에 나오신대요."라고 전한다. 모처럼 보는 행복한 표정이었다. 무슨 죄를 지었는지 선희도 아빠도 꽤나 힘든 세상을 사는구나! 라고 생각했다. 선희 엄마는 어떻게 어린 남매를 두고 가출했을까? 이유야 있겠지만 안타깝게 생각되었다. 눈이 마주치면 생글생글 웃는 선희가 귀엽기도 하고 가엾게도 보였다. 이제 도벽은 없어진 걸까? 계속 관심을 가지고 지켜보고 있었다.

어느새 쌀쌀한 겨울바람이 불어왔다. 토요일 어린이회가 있는 날이다. 안건은 '불우이웃돕기'라고 했다. 예전엔 위문품을 가져와 고아원이나 양로원을 방문하여 전달했다. 이번에는 외부의 어려운 사람들을 돕는 것도 좋지만 가까이 있는 우리 반 친구를 돕는 것이 어떠냐고 담임의 의견을 말했다. 모두 '좋아요'라고 한다. 어떻게 도울까를 생각하며 의견들을 모았다. 키 큰 아이들은 작아서 못 입는 외투, 잠바, 신발 등을 깨끗이 세탁해서 가져오고, 학용품을 구입할 때 어려운 친구를 한번 생각하면 좋겠다고 말해주었다.

그다음 월요일부터 대다수의 아이들이 쇼핑백에 물품들을 가지고 왔다. 외투, 청바지 등의 의류품, 스케치북, 연필, 공책 등의 학용품과 생각하지 못한 물품들이 많이 쌓였다. 뜻있는 어머니들은 내복까지 사서 보냈다. 선희가 졸업할 때까지는 쓰고도 남을 만큼 많았다.

"여러분, 정말 고맙습니다. 친구를 돕는 착한 마음씨에 선생님은 감동했습니다. 또 어머님들까지 협조해 주셔서 고맙다는 말씀을 꼭 전해

주시기 바랍니다."라고 말했다. 선희는 친구들의 고마움에 부끄러운 듯 하면서도 미소를 지었다. 방과 후 임원들이 쌓여진 물품들을 선희네 집으로 옮겨주었다. 올겨울은 선희도 따뜻하게 보낼 것 같다.

어느덧 5학년 과정을 마치고 6학년으로 진급하였다. 6학년 담임은 남자 선생님이시다. 조금은 걱정되었으나 아무 말씀도 드리지 않았다. 일 학기가 끝날 무렵 방과 후에 선희네 교실로 찾아갔다. 조마조마한 마음으로 선희 공부 잘하나요?라고만 넌지시 물어보았다. "예, 잘하고 있습니다."로만 대답하시고 별다른 말씀이 없었다. 아! 얼마나 다행한 일인가 선희는 이제 오명을 완전히 벗어버린 것이다. 일 년 동안 지도한 보람이 있구나 생각하니 마음이 가볍고 안심이 되었다. 협조해 주었던 지난 5학년 어린이들도 고마웠다. 교사의 사명을 실천한 것뿐인데 왜 이렇게 기분 좋고 흐뭇한지….

다리를 절룩거리며 아무렇지도 않게 걷던 귀여운 선희 얼굴이 아른거린다. 선희 나이도 헤아려 보니 벌써 삼십 대 후반이다. 시집은 갔는지 집 나간 어머니는 들어오셨는지 궁금하다. 배고프고 외로웠던 어린 시절, 그래도 진달래꽃 노래를 열심히 불러 즐거웠던 5학년 시절을 선희는 기억하고 있을까? 선희야, 정말 보고 싶다. 어떻게 사니? 어쩌면 선희도 5학년 정도의 딸을 두었을지도 모르겠구나!

선희의 진달래꽃 노랫소리가 귓가에서 맴을 돈다.

(2011. 6)

선생님, 아토피가 없어졌어요

옆 반 K남자 선생님께서 쉬는 시간에 우리 교실로 들어오셨다. 제일 앞에 앉은 동우(가명)를 가리키며 말씀하셨다. "저 자식 때문에 일 년 동안 속이 터져 죽을 뻔했어."라며 바라보는 눈이 곱지 않았다. 작년에 동우 담임을 하셨다고 한다.

정년퇴임을 앞두고 마지막으로 A학교에 부임하여 3학년을 담임하게 되었던 때이다. K선생님의 얘기로는 동우는 일 년 내내 숙제도 안 하고 공부에는 아예 생각이 없는 아이라고 했다. 더구나 점심시간이 다 가도록 급식을 먹지 않아서 치울 수가 없으니 속이 부글부글 끓었다고 하며 구제불능인 문제아라고 고개를 흔드셨다.

그 후로 동우에게 관심을 가지고 살펴보았다. 눈은 크고, 두꺼운 입술 주위엔 아토피로 시퍼렇게 되어 보기에도 흉했다. 작아서 앞자리에 앉았는데 여자아이들은 동우하고 짝하기 싫다고 모두 피했다. 여학생들 사정 봐주다가는 안 될 것 같아 키대로 자연스럽게 짝을 정해 주었다. 그리고 부족한 자기 짝에 대해서 불평을 하는 사람보다 잘 도와서 사이좋게 공부하는 사람이 훨씬 훌륭하다고 일러주었다. 그런데 동우는

시간표대로 교과서도 가져오지 않고 짝을 건드려 힘들게 했다. 가정환경 조사서의 기록을 보니 아버지는 교회의 부목사로 되어 있고 어머니와 여동생이 있으며 정상적인 가정환경으로 보였다. 어머니와 면담을 하여 학습준비를 잘 챙겨 주라고 부탁을 드렸다.

점심시간에는 밥을 먹지 않고 고개 숙이고 딴짓만 한다. 체육 시간에도 체육복을 입고 오지 않았다. 공부시간이나 점심시간이나 미운 짓만 골라서 한다. 이러다간 일 년 내내 서로 스트레스만 받다가 끝날 것 같다는 생각이 들었다. 동우의 단점은 매사에 의욕이 없고 책임감 없는 것이 문제였다. 많이 고민하던 중 어느 날 읽기 숙제 확인을 위하여 책을 읽혔다. 동우 차례가 되었는데, 대화체를 그럴듯하게 잘 읽었다. 바로 이때다 싶어 대화체 대목을 다시 한번 읽히며 "동우야, 정말 잘 읽었다. 네가 숙제를 잘해 왔구나!" 대화체는 말하는 것처럼 실감나게 읽어야 하는데 동우가 제일 잘 읽었다고 칭찬해 주었다. 그 후 동우는 읽기 시간에 대표로 읽으면서 차츰 활기를 보였다. 또 아침 자습 시간에는 한자 공부를 하는데 유심히 보니 필체가 좋은 아이다. 칭찬은 고래도 춤추게 한다더니 역시 아이들 교육도 꾸중보다는 칭찬으로 가르치는 것이 훨씬 효과가 있었다. 월 1회로 한자 시험을 봐서 상장을 준다.

"동우야, 한자를 참 잘 쓰는구나! 이번 달엔 꼭 백 점을 맞아야지?" 하고 용기를 주었다. 드디어 한자 시험을 치르는 날이 왔다. 20문제 중에 두 개가 틀렸다. 아! 만점은 아니지만 그래도 수상권에 들었다!

상장을 수여하는 날 동우의 두 눈이 반짝거리며 기쁨을 감추지 못했다. 동우가 상장을 받을 때 박수 소리가 제일 컸다. 그 후로는 아이들도 동우를 무시하지 않고 발야구를 할 때에도 끼어 주었다. 이제는 점심시간에 급식만 빨리 먹으면 좋겠다. 그런데 동우는 식판을 쳐다보고만 있다. 급식을 아주 조금 담아주면서 "조금이니까 빨리 먹고 나가 놀아라."라고 했다. 밥도, 국도, 반찬도 정말 조금이라 부담이 없는지 금방 다 먹었다. 처음으로 급식 판을 비웠다. 그 후에는 급식을 조금씩 늘려주면서 잘 먹는다고 칭찬을 해주니 좋든 싫든 다 먹었다. 5교시 시작종이 울리면 아이들이 땀을 뻘뻘 흘리며 들어온다. 그 속에 동우도 끼어 있었다. 이제는 체육 시간에 체육복도 입고 오며 학교에 취미를 붙인 듯싶었다. 칭찬으로 날로 좋아지는 동우가 달리 보였다.

2학기에 학예회가 열리게 되어 반마다 장기자랑을 한다. 우리 반은 에어로빅을 가르쳤다. 특히 동우가 재미있게 따라했다. 옆 반 K선생님은 동우가 달라졌다고 하며 역시 여선생님이 담임이라 말도 잘 듣는다고 하셨다. 성적도 하위권에서 중상위 수준으로 올라왔다. 관심을 갖고 지도한 노력에 대한 보상이라고나 할까?

겨울방학이 끝나면 곧 봄방학이고 개학이 되면 4학년으로 진급한다.

종업식 날이 되었다. 통지표를 나눠주고 마지막 작별인사를 하는 날이다. 그런데 동우 어머니께서 오셨다. 웃으면서 "선생님, 우리 동우가 아토피가 없어졌어요." 그러면서 동우가 즐겁게 3학년을 다녔다며 정말 고맙다고 하신다. 그렇다. 동우는 처음 대했을 때보다 살도 쪘고 웃기도 잘하며 분위기가 달라졌다. 입 주위에 시퍼렇던 아토피도 어느새 없어졌다. 즐거운 학교생활 덕분인 것 같다. 그러고 보니 동우의 아토피는 스트레스 때문에 생긴 것 같았다. 학기 초에 K선생님으로부터 동우에 대해서 문제점을 들었을 때에는 걱정을 많이 했었다. 이제 일 년을 잘 마무리하고 진급을 시키게 되니, 오히려 말씀을 해 주신 K선생님이 고마웠다. 그 덕에 3학년 담임도 무사히 마치게 된 것 같다. 해마다 느끼는 것이지만 헤어지는 이 시간은 언제나 시원섭섭하다.

그 후에 동우는 아빠가 담임목사가 되어 포항으로 이사를 갔다고 한다. A학교에서 정년퇴임을 한 지도 벌써 여러 해가 지났다. 동우가 궁금하여 전화를 해보니 어머니께서 학교를 잘 다니고 있다 하여 마음이 놓였다. 지난날 아토피로 얼굴이 시퍼렇던 동우가 밝게 웃으며 뛰어오는 것 같다.

동우야, "열심히 공부해라. '배우는 어려움은 짧고 못 배운 설움은 길다.'라는 말을 잊지 말아라." 입버릇처럼 하던 말을 속으로 되뇌어 보았다. 한동안 나도 모르게 미소가 지어진다. 이래서 많은 선생님들이 교단에서 끊임없는 열정을 쏟고 있는가 보다.

(2012. 11)

누가 계란노른자인가

수유리에 살 적이었다. 종례시간이 되었는데 집에서 전화가 왔다.

"아짐! 승우 승재가 없어졌어요."

"무슨 소리야 없어지다니?"

세 살, 네 살의 아들이 가정부가 일하는 사이에 대문을 열고 나갔다고 했다. 그것도 내복 바람으로 말이다. 처녀가정부는 혼자서 집 근처를 찾아보다가 못 찾고 전화를 한 것이다. 두 시간은 된 것 같다고 했다. 앞이 캄캄하고 정신이 없었다. 빨리 가서 아이들을 찾아야겠다는 마음뿐이었다. 교장선생님께 말씀을 드렸더니 "계란노른자만 없어졌군요?"라고 하시며 직원회의 때 "수유리에 사는 선생님들은 모두 가서 한 선생님 두 아들을 찾아주세요."라고 하시며 종례도 빨리 끝내셨다.

세 살, 네 살의 두 아들은 말수도 적고 세 살짜리는 아직 말도 잘 못했다. 덩치는 크고 머리는 장발이라 보통 4, 5세 정도로도 보인다. 9월 말이지만 해도 많이 짧아졌고 밤이면 제법 차가웠다. 어디서부터 찾아야 하나 마음만 급하고 발이 떨리며 입안이 바짝바짝 말랐다. 우선 파출소에 신고를 했다. 우이시장, 4.19탑, 쌍문초등학교 등을 아이들의 이름을 부르면서 반 미친 사람처럼 뛰어다녔다. 친정어머니께서는 전화를 지키고 삼촌과 친정 식구들도 모두 찾아 나섰다.

어느새 밤 9시가 되었다. 캄캄해져 손전등을 들고 골목골목을 누비며 찾아다녔다. 어리기 때문에 아무데나 쓰러져 자는 것만 같아서 더 불안했다. 갈만한 장소를 몇 번씩이나 되풀이하며 찾아다녔다. 10시가 넘으니 더 이상 찾기가 힘들었다. 딸 셋을 낳고 어렵게 낳은 아들들이다. 찾아다니는 동안 파출소에서 연락이 오지 않았을까 하는 실오라기 같은 기대를 하고 힘없이 집으로 돌아왔다. 그런데 친정어머니께서 우이파출소에서 연락이 왔다고 한다. 쌍문초등학교 뒤에 있는 한옥집에서 4, 5세 되어 보이는 남자아이 둘을 보호하고 있다고 하셨다.

"오! 하나님, 정말 감사합니다." 틀림없는 우리 아이들 같았다. 두 명도 그렇고 4세, 5세 정도도 그렇고…. 정말 고마웠다. 두 아들이 떨어지지 않고 함께 있다는 것도 얼마나 다행인가! 순경 아저씨와 함께 찾아가는데, 74년도의 쌍문초등학교 뒤쪽에는 논밭이 이어져 있고 한참을 지나가야 집들이 있었다. 세 살, 네 살짜리가 어떻게 멀리까지 갈 수 있었는지 의아했다.

도착한 곳은 큰 한옥집 문간방에 세 든 사람 집이었다. 그 집에서 장난감을 가지고 아저씨와 놀고 있었다. 반가움에 "승우야, 승재야," 하며 팔을 벌려 안아주려고 하니, 두 놈이 모두 아저씨 뒤로 가서 장난치며 숨는다. 엄마 아빠를 보고 반가워하지도 않는다. 그렇게 안타깝게 찾았던 아들들인데….

그 태도를 보고 아저씨는 "친엄마가 맞습니까?" 하며 이상하게 본다.

순간 자격 없는 엄마 같아서 부끄럽기도 하고 당혹스러웠다. "순경 아저씨가 증인이니 염려 안 하셔도 됩니다. 정말 감사합니다." 하고 정중하게 인사를 했다. 학교에 출근하면서 노상 아이들을 떼어놓고 다니니, 누구든 잘해 주는 사람만 있으면 따라간다. 엄마 아빠가 그렇게 애태우며 찾던 두 아들은 아무렇지도 않고 더구나 엄마 아빠를 보고 싶지도 않았던 것 같다. 아이들이 많다 보니 특별한 정을 주지 못해서 그런가! 이 생각 저 생각 반성을 했다.

두 아들을 보호하고 있는 아저씨는 페인트 기사였다. 늦게 일을 끝내고 집으로 들어가려고 하는데, 어린 두 남자 아이들이 맨발에 서로 손을 꼭 잡고 아저씨를 쳐다보고 있더란다. "너희들 누구니?" 하고 물으니까 아저씨 품으로 와락 달려들어 안겼다고 했다. 어찌나 탐스럽고 귀여운지 데리고 들어와 손발을 씻겨서 밥을 먹이고 파출소에 신고했다고 하였다. 말을 듣고 보니 인정이 넘치는 고마운 사람이었다. 구두를 사준지 얼마 안 되었는데 논둑 밭둑 지나면서 벗겨졌는지 아니면 새것이니까 누가 벗겨갔는지, 신발은 어쨌냐고 물어봐도 대답을 안 한다. 아저씨가 말을 시켜도 대답을 하지 않아 벙어리인가 했는데, 놀면서 말하는 것을 보고 벙어리는 아니구나 하셨단다. '내일 다시 인사하러 오겠습니다.' 하고 아빠와 삼촌이 한 놈씩 업고 집으로 왔다. 몇 시간 동안 애간장을 태웠더니 폭풍이 한차례 휩쓸고 지나간 듯 기진맥진했다.

다음 날 다시 아이들을 찾아준 아저씨에게 인사하러 갔다. 주인집 할머니는 "애들이 어찌나 탐스러운지 어미 애비가 안 나타나면 내가 키우려고 햇수."라고 한다. 가슴이 뜨끔했다. 하마터면 평생 애간장을 태우며 살 뻔했다. 지금 두 아들은 대학을 졸업하고 큰놈은 육군, 작은놈은 해병대로 병역의무를 마치고 의젓한 사회인이 되었다. 큰아들은 아버지의 사업을 이어받아 열심히 하고 작은아들은 유학하고 돌아와 미국회사에서 근무하고 있다. 생각할수록 페인트 아저씨가 고마웠다.

옛날 아들을 꼭 낳아야 여자의 소임을 다한 것으로 보던 시대는 지났다. 오히려 딸을 더 선호함이 오늘날의 현실이다. 오죽하면 딸 둘 아들 하나면 금메달이고, 아들 둘 딸 하나면 은메달, 딸만 둘이면 동메달, 아들만 둘이면 목메달 이라는 말이 나왔을까? 요즘의 세태를 절감할 수 있는 우스갯소리인 것 같다. 점점 여성 상위시대란 말을 실감하듯 판검사도 남성보다 여성이 많이 배출되며 여류비행사가 나오기도 하고 곧 여자 대통령도 나올 듯싶다.

우리 사회에서 '계란노른자'라고 생각하던 아들과 때로는 능력을 인정하지 않던 딸에 대한 사고방식이 바르게 고쳐져 가고 있다. 그러나 아직은 딸만 줄줄이 있고 아들이 없는 집은 뭔가 허전하고 대가 끊기는 것 같아 불안함을 면치 못하는 사람도 있다. 우리집도 역시 그중 하나다. 만일 아들을 잃어버리고 찾지 못했다면 이 세상 끝까지 아들 찾아 3만 리의 인생이 될 뻔했다.

아무리 여성 상위시대이고 여성이 활개 치는 세상이라고 하지만 아직은 남성이 '계란노른자' 위치에서 책임을 다하는 자리가 더 많다. 노른자와 흰자가 서로 어울려야 보기도 좋고 영양도 좋듯이 아들과 딸의 능력을 똑같이 인정해야 나라 발전에도 영향이 클 것이다. 그리하여 아들뿐 아니라 딸도 '계란노른자'가 될 수 있는 세상이 다가오고 있다.

(2012. 4)

열 번 된다

막내아들이 초등학교에 입학하자 남편이 이유 없는 열로 입원해 심각한 상태에 이르렀다. 우리 반 아이들을 분반시키고 병원에 들어가 간병을 하게 되었다. 그 시절에는 간병인이 없었다.

막내는 한글도 깨우치지 못하고 입학했기 때문에 중요한 때 엄마가 집에 없으니까 사고를 자주 쳤고 장난기가 매우 심했다. 기발한 행동도 많이 했다. 다행히 나와 같은 학교에 다니게 되어 어쩌다 교실 옆으로 지나다 보면 양동이를 머리에 쓰고 수돗가로 뛰어간다. 그렇게 장난을 좋아하니 얌전한 여선생님의 고충도 알만하다.

아침엔 비가 왔으나 하교할 땐 햇볕이 쨍쨍 내리쬐었다. 아이가 혼자서 검정우산을 쓰고 가니까 선생님이, 해가 나는데 우산을 왜 쓰니? 하고 말해도 "비가 오면 우산이고 해가 나면 양산이고" 하면서 우산을 접지 않았다는 말을 들었다. 내 아들이지만 참 참신한 발상이었다.

어느 날 집에 다녀올 일이 있어서 집에 왔다. 대문에 들어서자마자 쨍그랑하는 소리가 들리며 아이가 꽃밭으로 나동그라졌다. 깜짝 놀라 뛰어가 보니 막내가 창문으로 나오다가 유리창이 깨지며 유리 조각에

코 밑이 찢어져 피가 낭자했다. 당황하여 수건으로 누르고 택시를 타고 병원으로 달렸다. 의사가 몇 바늘 꿰매야 한다며 마취를 안 하고 꿰매면 더 빨리 아물 수가 있다고 했다. 그래서 마취를 안 했다. 겁을 먹었는지 아! 소리 하나 내지 않고 여섯 바늘을 꿰맸다. 의사는 대단히 용감한 아이라고 칭찬을 하고 당분간 물을 묻히지 말란다. 그 시간에 엄마가 안 왔더라면 어쩔 뻔했을까, 타이밍도 기차게 맞추었다. 잠시도 가만히 있지 않아 항상 마음을 놓을 수가 없었다. 친정아버지께서는 몸이 건강해서 그렇다고 크면 괜찮을 거라고 위로하셨다.

기다리던 여름방학 날이다. 종업식이 끝나고 동(同)학년 선생님들끼리 모처럼 영화 한 편을 보고 집에 왔다. 그런데 막내가 아직 학교에서 오지 않았다. 무슨 일이 있나 걱정을 하고 있는데 얼굴엔 땟물이 줄줄, 옷은 꼬질꼬질하고 헐떡거리며 들어왔다. "너 왜 지금 오니? 통지표는 어쨌어?" 하고 다그쳐 묻자 뒷문으로 뛰어가더니 돌멩이에 돌돌 말린 통지표를 내민다. 알고 보니 뒷문 밖에서 통지표를 말아서 울 안으로 던져놓고 마음껏 놀다가 늦게 들어온 것이다. 그래도 다행이다 싶어 주의만 주고 말았다. 성적은 보나 마나 뻔하다. 2학년 때에도 방학 때 통지표를 한 명씩 이름을 불러 나누어 주는데 막내가 통지표를 받고는 그 자리에서 "내가 양 씨니까 양만 줬구나!" 하여 한바탕 웃음이 터졌다고 선생님께서 웃으면서 말씀하셨다. 나로서는 부끄러워 어찌할 바를 몰랐다.

큰딸이 하는 말이 막내가 눈이 매우 나쁘다고 한다. 큰 글씨도 안 보인다고 자기에게 말했단다. 안과에 가보았다. 시력검사표 제일 위의 것도 잘 안 보인다고 하니 보통 나쁜 게 아니었다. 덩치가 크니 제일 뒤에 앉아서 선생님 글씨도 안 보였을 테고 자연히 장난만 쳤을 텐데 이것을 몰라준 부모의 잘못이다 싶어서 막내에게 너무 미안했다. 그때부터 안경을 씌우고 달래면서 가르치니 아이가 달라지기 시작했다. 5학년 때에는 글라이더 날리기 대회에 학교대표 선수로 나가기도 했다. 또 고무 지우개에 내 호를 새겨주어 낙관으로 사용한 적도 있다. 생각 외로 꼼꼼하고 세밀한 데가 있었다.

그렇지만 여전히 예상을 벗어나는 아이였다. 중학교 3학년 때에는 하교 후 두 명과 말다툼 하다가 각목으로 맞아 손목이 부러졌다. 두 명의 아이들이 집으로 찾아와 무릎을 꿇고 잘못했다고 하여 아빠가 좋게 타일러 보낸 적도 있다. 고1 때 나는 교사 해외연수로 9박 10일 동안 해외에 다녀오게 되었다. 돌아와서 나 없는 동안 별일 없었느냐고 남편에게 물으니 아무 일도 없었다고 하더니, 얼마쯤 있다가 막내가 반 아이를 때려 턱이 돌아가 3백만 원을 물어주었단다. 90년도에는 꽤 큰돈이었다. 당시 담임교사는 맞은 아이가 누구나 잘 건드리며 약을 올렸는데 전부터 막내를 살살 놀려왔다고 한다. 상대를 안 하다가 주먹을 한 번 날린 것이 그렇게 되었다고 설명했단다. 맞은 아이 부모가 돈을 지나치게 요구한다는 뜻으로 말했다고 남편이 전해 주었다. 세상은 참 요지경이다. 내 아이가 맞았을 땐 오히려 때린 아이에게 후하게 대접해서 보냈는데 한 대 때리고 거금을 주었다니 공평하지가 않았다.

대학교 1학년 때 연년생인 두 아들에게 군 복무 영장이 나왔다. 1학년을 마치고 입대하기로 했다. 막내는 몸이 둔하면 훈련받기 힘들다고 열심히 운동하여 날씬하게 만들었다. 형이 육군으로 가니, 당연히 육군인 줄 알았는데 입대 일주일 남겨놓고 "엄마, 나는 해병대로 가요." 한다. "해병대는 더 힘들다는데 하필이면 왜 해병대니?"라고 물었더니 귀신 잡는 해병이 될 거란다.

큰아들은 논산으로, 작은아들은 포항으로 떠났다. 두 아들을 한꺼번에 군에 보낸 엄마로서 걱정은 되었지만 '내가 못하는 극기 훈련을 국가에서 시켜주는데 고맙지 뭐' 하며 하늘을 우러러 무사히 다녀오기를 기원했다.

6개월 후 퇴소식 때 부모가 참여하라는 통지가 왔다. 논산훈련소에도, 포항에도 가보았다. 얼굴이 까맣고 모두 똑같아서 알아볼 수가 없었다. 그동안 훈련한 모습을 보여준다. "들어 총" 등 구령에 맞춰 총을 가지고 여러 모습을 보여줘 박수가 나왔다. 포항에서 막내 친구들과 같이 준비해온 점심을 먹이는데 해병대 지휘관이 오더니 "이다음에 육군 형과 해병대 동생 중 누가 더 씩씩한가 보십시오."라고 한다. 해병대의 자부심이 대단하다.

그 후 두 아들은 강화도에 배치되었다. 큰아들은 산 정상에서 육해공군이 같이 근무하는 곳인데 제대할 때까지 면회가 안 되는 곳이었다. 막내는 김포에 있는 포부대인데 편지만 오가다가 넉넉한 위문품 속에 학교 아이들의 위문편지를 넣어 육군과 해병대에 보내주었다. 마침 '국군 아저씨'라는 단원을 공부하면서 자연스럽게 편지를 쓰는 시간이 있었다. 육군은 답장이 없었으나 해병대는 답장을 해주어 아이들이 기뻐하며 편지를 읽는 모습을 보니 나도 기분이 좋았다. 막내 편지에서 군인들이 매우 고마워한다는 소식을 듣고 해병대에는 한 번 더 위문품을 보내주었다.

그 후 해병대 대장한테 전화가 왔다. 위문품을 많이 보내주셔서 이웃 부대에도 나눠주었다고 고맙다며 전화를 막내에게 바꿔주어 목소리를 듣게 해주었다. "승재야, 몸은 괜찮니?" 하고 물으니 "네, 괜찮습니다." 하는 목소리가 정신이 번쩍 나도록 우렁차게 들려와 순간 가슴이 뭉클했다. 제대할 무렵 마지막 편지에 면회를 한 번밖에 못가서 미안하다고 하니 한 번도 면회 안 오고 제대하는 군인이 많다고 오히려 나를 위로한다.

무사히 병역의무를 마치고 온 두 아들을 미국으로 어학연수를 보냈다. 큰아들은 일 년을 마치고 돌아와 복학을 했다. 그런데 작은아들은 미국이 자기 취향에 딱 맞는다고 미국에서 공부하겠다고 한다. 예상 밖이지만 다시 유학코스를 밟아 인디아나 유니버시티에서 경영학을 공부하고 돌아와 지금도 외국회사에서 근무한다.

두 아들이 제대한 후 상당히 어른스러워 엄마라고 부르던 호칭도 어머니라고 바뀌었고 모두 존댓말을 쓴다. 역시 남자는 군대를 갔다 와야 철이 드나 보다. 특히 막내아들은 어린 시절의 장난기는 찾아볼 수가 없이 점잖아졌다. 아이들은 자라면서 열 번 된다는 어른들의 말씀을 실감했다. 몸이 건강하기 때문에 개구쟁이도 될 수 있으나 크면 괜찮을 거라고 하신 친정아버지의 얼굴이 스쳐 지나간다.

(2017. 12. 6)

하마터면 정년퇴직도 못할 뻔했다

정년퇴직을 석 달 앞둔 5월 4일, 어린이날 행사가 있는 날이다. 학교 어린이들은 선물도 받고 맛있는 간식도 풍부하여 모두 즐거워한다. 첫 시간이 시작되기 직전에 어머니 한 분이 오셨다. 아들에게 선물로 학용품을 사주려 왔다고 했다. 자기가 김용수(가명)의 친모라고 한다. 용수를 불러 물어보았더니 맞다고 했다. 아이를 데리고 문구점에 다녀오겠다고 하여 수업시간이니 빨리 들여보내라고 했다.

그런데 한 시간이 지나고 두 시간이 지나도 아이가 들어오지 않았다. 시간이 갈수록 걱정이 되었다. 수업을 마치고 학교 근처 문구점을 다 찾아보았다. 아이 데리고 엄마가 학용품 사 가는 것 보셨냐고 물어보았으나 모두 보지 못했다는 대답이다. 할 수 없이 교실로 돌아와 퇴근 시간까지 기다려 보았으나 아이는 나타나지 않았다. 어찌할까 점점 가슴까지 두근거렸다.

용수는 부모가 이혼하고 큰엄마 집에서 살며 큰엄마가 보살펴 준다. 큰엄마에게 전화로 연락하니 큰엄마와 아버지가 뛰어와서 왜 아이를 내주었느냐고 나를 원망한다. 그때서야 아차! 내가 실수를 했구나 하고 좀 더 꼼꼼히 살펴보고 아이를 내줄 걸 하고 걱정이 점점 더 커졌다. 친모라는 바람에 아무 의심 없이 무조건 믿었던 것이다. 일단 학교에서 아이가 없어지면 그것은 관리 소홀이라고 담임이 문책을 당한다. 아무래도 교무실에 가서 알려야 될 것 같아 교감 선생님께 말씀드렸더니, 만일 아이가 안 돌아오면 선생님 정년퇴직에도 문제가 생긴다고 걱정을 하신다.

다음 날도 그다음 날도 아이는 소식이 없다. 큰엄마와는 하루에도 몇 번씩 통화하여 소식을 알아본다. 그렇게 마음 졸이면서 일주일, 이주일…. 날이 갔다. 설마 엄마가 자기 자식을 데려다가 다치게 하거나 나쁜 짓 하지는 않겠지 라고 스스로 위로하며 거의 한 달이 갔다. 큰엄마와 가족들도 갈만한 곳을 찾아다니며 애가 타기는 마찬가지다. 내가 좀 더 생각하고 아이를 딸려 보낼 걸 하고 무심했던 내 자신을 한탄했다. 뒤늦게 후회한들 무슨 소용이 있겠는가! 40여 년을 근무하면서 이런 일은 한 번도 없었다. 큰엄마는 경찰서에 가서 신고했단다. 날마다 마음 졸이며 신경은 엄마 따라간 아이 생각으로 하루하루가 지나갔다. 이러다가 정녕 정년퇴직을 못하고 법원에 끌려가 재판까지 받아야 하는 상황까지 벌어지는 것이 아닐까! 날이 갈수록 점점 내가 큰 죄를 진 것 같은 생각이 나 자신을 옥죄어 왔다. 어떤 일이든 끝마무리가 중요한데…. 점점 겁이 나기도 했다. 하루속히 아이가 아무 일도 없이 집으로 돌아와 주기를 간절히 기도했다.

한 달이 다된 어느 날 아침 큰엄마가 아이를 데리고 학교에 왔다. 너무 반가워서 어디 갔다 왔냐고 하며 끌어안아 주는데 나도 모르게 눈물이 쏟아졌다. "하나님 감사합니다."라는 말이 저절로 나왔다. 이제라도 돌아왔으니 미움보다는 고마움이 앞섰다. 아버지 얘기로는 혹시나 하고 시골 전처의 친정 동네로 갔더니 아이를 할머니에게 맡겨 놓고 있었다고 했다. 학교에도 안 보내고 시골에서 데리고 있으면 어쩔 건가! 그러나 자식이 얼마나 보고 싶었으면 납치 아닌 납치를 했을까 하는 마음을 이해는 하나 친모의 이기심(?)은 용서가 안 되었다. 지금까지 살면서 이런 충격은 처음이었다.

그 후로는 등교 때에도 큰엄마가 데려오고 하교 때에도 일찍 와서 기다렸다가 데리고 간다. 아이가 어린이집이나 유치원에도 다녀본 적이 없어서인지 순박하기는 하나 숫기가 없어 말을 잘 안 한다. 더구나 이번 일로 많이 혼란스러웠을 것 같다. 앞으론 공부에만 집중하도록 가정이나 학교에서 더 많은 관심이 필요하게 됐다. 또한 나에게는 큰 교훈이 되었다. 정말 예기치 않은 일로 한 달가량 숨도 못 쉬고 산 것 같아, 아이 친모를 찾아가 한바탕 혼쭐이라도 내주고 싶은 심정이다. 그러나 오죽하면 그랬을까가 또 생각되어 내 잘못으로 돌리니 그를 용서하는 아량도 생기며 다시 마음이 안정되었다. 그래서 큰일을 앞에 두고는 몸을 사리라는 말이 그냥 나온 소리가 아닌 것 같았다.

하마터면 정년퇴직도 제대로 못할 뻔했다. 그래도 얼마나 다행인가! 아이도 무사히 돌아왔고 나 역시 끝맺음을 잘할 수 있어서…. 역시 인생은 한 치 앞을 모르는 것 같다.

(2018. 3. 28)

느티나무 되고저

서울송중초등학교 근무 시절, 음악에 조예가 깊고 작사 작곡뿐 아니라 명창이신 김용민 교감선생님께선 사립초등학교에서 전근 오셨다. 항상 조용한 음성으로 음악 부문뿐 아니라 미술 분야에도 재주가 많으셔서 어떤 행사시에도 식장을 꾸미거나 할 때에 두각을 나타내시어 선생님들이 깜짝 놀라기도 여러 번이다. 그리고 교무실에 앉아계시는 일이 거의 없고 순시를 하시면서 각 교실에 필요한 것이 무엇인가를 찾아내어 선생님들을 도와주시는 따뜻한 분이다.

부지런하신 교감선생님께선 근무 일 년 만에 교사들의 근무태도 성격 및 소질과 취미까지도 모두 파악하신 것 같다. 달마다 학교의 행사가 매우 많기 때문에 선생님들을 적재적소에 배치하는 것도 각 선생님들의 소양을 다 알았기에 가능하고 성공적으로 행사가 이루어진다. 또 선생님들의 딱한 사정도 들어주시며 온화한 아버지 같은 인상으로 대해 주신다.

겨울방학 전날, 교감선생님은 우리 교실에 오셔서 직접 작사해 피아노 반주까지 하면서 부르신 「느티나무 되고저」 녹음한 카세트와 악보를 주셨다. "부족하지만 선생님을 생각하며 작사 작곡을 했어요"라고 말씀하시는데 너무 뜻밖이라 놀랄 뿐이었다. 소문에 의하면 사립초등학교에서 작곡과 작사를 잘하시어 많은 곡을 남겼다고 들어서 실력이 대단한 것은 알지만 이렇게 훌륭한 노래를 만들어 주실 줄은 몰랐다.

나의 노래가 있다는 것이 너무나 기쁘고 놀라워 영광스러움을 감출 수가 없었다. 동시에 과연 내가 느티나무 같은 큰 그릇이 되는지 생각을 해보기도 했다. 앞으로 더 잘하라는 뜻이겠거니 고맙게 받아들였다. 같이 근무하면서 나의 어떤 태도를 보시고 그렇게 느끼셨을까?

어느 선생님이든 자기가 맡은 일에는 성심을 다해 노력한다고 생각한다. 내가 맡았던 일은 일 학년 부장으로서 학교에서 제일 큰 단체인 어머니회 담당교사로 바자회, 운동회, 학예발표회, 졸업식 등 큰 행사 때마다 어머니회에서도 계획을 세워 실행하는 것이었다. 남다른 것은 특별활동 시간에 4, 5, 6학년 어린이들에게 에어로빅을 가르쳐서 예술제에 내보냈던 것이랄까? 하지만 무엇을 바란 게 아니라 내가 좋아서 활동한 것이다.

노래가 있다는 게 보통 사람으로서는 흔하지 않기 때문에 더 감명을 받았다. 곡도 좋지만 가사 내용이 참 마음에 들었다. '천년을 두고라도 사랑만을 뿌리리라'는 감싸주고 사랑 주는 인생이 되라는 말씀으로 알고 마음속 깊이 새기며, 느티나무처럼 되고저 노력하며 살아가리라 다짐도 해보았다. 부족함이 많은 사람을 높이 평가하고 인정하여 쓸모 있는 느티나무로 봐주셨으니 황송하고 고마울 따름이다.

나보다 먼저 정년퇴직을 하신 교감선생님께선 귀농을 하신다는 소식을 들었다. 항상 고마움을 간직하고 있던 터라 나의 정년퇴직 때 수소문하여 모셨다. 식순에 의해 마지막 몸담았던 안암초등학교 선생님들께서 「느티나무 되고저」 노래와 스승의 노래, 합창하는 것을 보시고 빙긋이 웃으셨다. 나 또한 감회가 깊었다. 누군가가 나를 높이 평가해주는 것은 인생에서 큰 힘이 되는 듯하다. 지금도 멋있는 노래를 작사 작곡하실 김용민 교감선생님께 감사하며 전 직원이 무대에서 합창한 나의 노래 「느티나무 되고저」 노랫소리가 귓가에 들려오는 듯 가슴이 벅차오른다. 이곳에 노래 가사와 그 뒤에 함께 받은 시를 새겨본다.

(가사)

솔 내음 가득한 산길 굽이굽이 돌아서면 언덕 위 돌탑 안고 긴 세월을 버티어서 한마음 한뜻으로 옛 얘기 담아놓고 혜안에 눈빛 되어 길손을 맞는다 정다운 모습으로 두 팔을 펴고 서서 천 년을 두고라도 사랑만을 뿌리리라 가슴으로 살아가는 느티나무 되고저

(시)

어느 골이나 나의 고향 같은 곳 그곳엔 느티나무 있고 그래서 아늑한 것 고움의 덕으로 그늘을 만들고 그 그늘 우리를 품어 요람 되어 주시니 그 커다란 사랑으로 그 원만한 웃음으로 고향 같은 분 그 감사함에 부끄러움으로 글과 곡을 올립니다 느티나무로 느티나무로

1999년 11월 26일, 김용민 올림

(2017. 2. 20)

아듀! 나의 학교여

- 정년퇴직 -

초롱초롱한 눈으로 "선생님, 가지 마세요." 하며 엎드려 우는 아이도 있다. "여러분들, 공부하는 것 보러 자주 올게요. 아프지 말고 새 선생님과 공부 잘해요."라고 하는데 나도 모르게 눈물이 핑 돌았다. 아이들도 같이 울었다. 울지 않으려고 단단히 마음먹었으나 가슴이 저려옴을 어쩔 수가 없었다. "울지 말고 우리 노래 한번 부르자" 하고 풍금에 앉아서 반주를 하는데 마지막이라는 것이 실감나지 않았다. 모든 것이 평소 그대로인데, 내일도 또 올 것만 같다.

2005년 8월 31일 정년퇴직 하는 날, 방송조회를 통하여 교직원과 전교생에게 작별인사를 하고 교실로 왔다. 정든 교실도 오늘로 안녕이다.

43년 6개월의 세월을 교단에서 보냈는데, 이제 영영 끝나는 것인가? 아쉬움과 허전함으로 가슴이 메어 온다. 담임을 했던 우리 반 아이들에게 마지막 선물로 '사랑하는 제자들에게'라는 담임교사의 편지글과 그동안 있었던 체험학습, 소풍, 소운동회, 학예발표회 등 여러 가지 사진들을 부착한 앨범을 나누어 주며 한 명씩 안아 주었다.

한때는 목소리가 나오지 않아 성대수술로 고통스러운 시절을 이겨내기도 했다. 또 아들이 열이 많이 올라 병원에 가야 하는데 하필이면 그날이 학년 공개수업 날이라 빠질 수가 없었다. 일곱 살 아들이 "엄마, 학교 끊어." 하며 울고 있을 때, "엄마, 학교 갔다 금방 올게." 하고 출근하지만 당장 그만두고 싶은 심정이었다.

그러나 교사의 사명감이 나를 학교로 향하게 했고, 또한 남편도 아이는 내가 병원에 데리고 갈 테니, 많은 아이들이 기다리는 학교로 빨리 가라고 재촉했다. 그저 아들에게나 남편에게 미안하고 고마워 눈물을 닦으며 출근했다. 수없이 어려운 고비들을 넘기며 오늘의 정년퇴직을 맞이하게 되니 감개무량하다. 역시 중도하차 안 하기를 아주 잘했다고 생각했다.

남편은 정년퇴직을 축하한다고 무엇을 도와 드릴까요? 하면서 빙그레 웃고 있었다. 40여 년 동안 교직에 몸담으면서 평소에 존경하고 고마웠던 분들에게 식사 대접 한번 하는 것이 소망이라고 대답했다. 남편은 좋은 생각이라고 하며 교통이 편한 세종호텔에 예약을 했다. 교장 선생님께서는 학교에서 퇴임식을 해준다고 퇴임식장을 꾸미라고 지시하셨다. 8월 말일이라도 여전히 무더워 땀이 줄줄 흘렀다. "교장선생님, 꼭 퇴임식을 해주신다면 제가 준비한 세종호텔에서 해주세요. 식장 꾸미느라 선생님들 고생도 안 하고 시원한 곳에서 퇴임식하고 저녁도 드실 수 있어요."라고 말씀드렸다. "결혼식처럼 말인가요?" 하시며 기분 좋게 허락하셨다. 호텔에서는 '한혜정 선생님 정년퇴임식'이라고 쓴 플래카드와 얼음 조각까지 준비해 주어서 더욱 퇴임식장의 분위기를 자아냈다. 테이블마다 초대한 귀빈들의 소속을 표시하여 쉽게 자리에 앉으시도록 했다. 사회자에 의해 정년퇴임식이 시작되었다. 여러 교장, 교감선생님들과 동료 선생님들, 동기동창, 특히 「느티나무 되고저」라는 제목으로 나의 노래를 작사 작곡 해주신 김용민 교감선생님께서 참석해 주셔서 더욱 빛났다. 교장 선생님의 송공사를 비롯해 퇴임사에서 훌륭한 교장, 교감, 동료 선생님들 덕분으로 대과 없이 교직을 마치게 되어 감사하고, 앞으로도 교사 정신으로 살아가겠다고 했다.

후배 선생님의 심금을 울리는 송사를 들으면서 20년 가까이 어머니교실을 담당하며 에어로빅으로 북부종합예술제에 연속으로 출연했던 추억, 90년에 국가에서 보내준 9박 10일의 교사 해외연수, 93년 TV에서 스승 찾는 프로에 제자인 탤런트 김혜선과의 만남 등 크고 작은 일들이 번갈아 가며 나타났다가 사라진다. 전 직원이 앞에 나와서 나의 노래 '느티나무 되고저'를 부를 때에는 고마움으로 가슴이 뭉클하였다. 또 제자들의 노래와 리코더 연주를 보면서 다시 한번 보람을 느끼며 가슴이 뿌듯했다.

교육공무원으로서 받을 수 있는 최고의 훈장 '황조근정훈장' 을 받았다. 참석하신 분들에게 퇴임 선물로 추억을 담을 수 있는 액자를 나누어 드리고 남편의 인사말을 끝으로 정년퇴임식이 끝났다. 남편의 인사말 중 남편을 잘 만났으면 일찍 사표를 내고 편안했을 텐데 정년까지 가게 해서 미안하다고 하여, 참석하신 내빈 모두가 폭소를 했다. 남편 덕에 행복한 정년퇴임식을 하게 되었는데 너무 겸손한 인사말에 훌륭하다는 웃음인 것 같다.

교장선생님께서는 "3년 동안은 애프터서비스를 해 주셔야 됩니다."라고 하신다. "예, 불러만 주십시오."라고 대답했다.

(2011. 5)

다시 찾은 행복

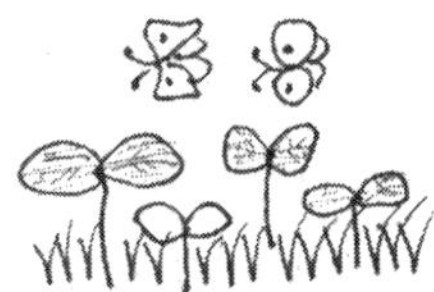

어느덧 정년퇴직한 지도 수년의 세월이 흘러가고 있다. 배우고 싶었던 여러 종목을 취미로 배우게 되니 그 즐거움 또한 비할 데가 없다. 평생교육원, 하모니카, 골프 등으로 즐거운 나날이 계속되었다.

그런데 사업에 몰두하던 남편이 당뇨가 오래되어 여기저기 합병증이 시작되었다. 실버타운에 들어온 지 7개월 만에 떠난 것이다. 모든 것을 남편에게 의지하고 살아온지라 앞이 캄캄하고 막막함이란 기가 막힐 뿐이었다. 집과 땅을 담보로 은행에서 대출받아 상속세를 내야하는 어려움도 컸다.

밤이면 갑자기 떠난 남편에 대한 그리움과 외로움에 잠을 이루지 못했다. "심원 나요" 하고 호를 불러주는 남편의 음성이 스마트폰으로 들려오는 것 같고 외출했다 들어오는 것 같아 현관문을 바라볼 때도 여러 번이다. 영정 앞에서 왜 그렇게 빨리 갔느냐고 원망을 해본다. 대답도 없고 야속하다. 계속 눈물로 베개를 적시다 보니 세상이 싫어졌다. 자식들이 있어도 엄마의 외로움과 그리움은 몰라준다. 몇 년 전 대통령과 버마 회의에 참석했다가 북괴의 폭탄에 수십 명의 엘리트 모두가 아깝게 희생되었다. 그 후 남편을 잃은 한 부인이 옥상에서 떨어져 자살한 것을 신문 지상에서 보았던 기억이 나는데, 내가 딱 그 부인의 심정이다. 세상에서 외톨이가 된 것 같은 고독감으로 견디기가 어려웠다. 하늘이 무너지는 듯 형언할 수 없는 설움이 복받쳐 얼굴을 들 수가 없었다. 슬픔 속에서 일주기가 돌아온 4월은 온천지에 개나리, 진달래, 벚꽃 등이 만발하여 화사한 꽃동산을 이루었다. 그러나 이렇게 예쁜 꽃들이 나에게는 오히려 가혹한 고문처럼 다가왔다. 남편은 차디찬 납골당에서 꽃도 보지 못하면서 가족들에겐 꽃 필 때 찾아오라고 마지막 배려를 한 것 같아 가슴이 더 저려왔다.

어느 날 TV에서 집세도 못 내고 빚만 지고 어려워 일가족이 자살한 뉴스를 보면서 많은 생각을 했다. 과연 목숨을 끊는 것이 잘한 선택이었을까? 남편은 갔지만 멀쩡한 신체를 가진 내가 외롭다고 세상을 등진다는 것이 말이 되는가? 자신에게 물어보며 다행하게도 마음이 긍정적으로 바뀌었다.

아무리 화려한 경력도 건강 앞에선 아무것도 아니었다. 남편은 고향의 경로당, 초중고 대학, 안중근 의사 숭모회 등 여러 해 동안 기부를 많이 해왔다. 사회에 뜻 있는 곳에는 앞장서서 발전기금 및 찬조금을 내놓았다. 그것이 애국 애족하는 길이라고 기회 있을 때마다 말하곤 했었다. 오랫동안 남편의 기부 정신을 국가에서도 높이 평가했는지 세상 떠나기 두 달 전에 목련장 훈장을 수상했다. 훈장보다는 건강 복을 주었더라면 얼마나 좋았을까!

의미 있는 삶을 살고 간 남편의 뒤를 이어 무엇이라도 해야겠다는 마음으로 용기를 내어 자원봉사를 희망했다. 실버타운의 어르신들에게 국민체조와 학생들에게 가르쳤던 에어로빅, 포크댄스를 가르치면 좋겠다고 생각되었다.

드디어 체조 프로그램 오픈 날이 다가왔다. "저는 여러분들과 운동해서 건강해지자는 차원에서 이 자리를 마련했습니다."로 인사말을 했다. 국민체조와 경쾌한 음악에 맞추어 에어로빅 시범을 보였다. 싱글벙글 즐거운 표정들이다. 음악만 들어도 스트레스가 풀린다고 매우 좋아했다. 정월 대보름날에는 넓은 옥상에서 국민체조와 강강술래도 하고 풍선에 소원을 적어 날리기도 했다. 모두들 화기애애한 모습이다. 한번 교사는 영원한 교사인가 보다. 가르치는데 열정을 쏟다 보니 어르신들은 즐거워서 웃고 틀려서 웃고…, 표정들이 밝았다. 그 누구보다 나를 위한 봉사가 된 것 같다. 우울했던 생활에 생기가 돌고 슬픔도 잠시 잊을 수가 있으니 내 인생이 이렇게 바뀔 줄이야!

그랜드 홀에는 마침 피아노가 있어서 체조 시작 전에는 「고향의 봄」 「꽃밭에서」 「오빠 생각」 등 흘러간 동요를 반주에 맞추어 부르니, 할머니들은 다시 옛날 초등학생으로 돌아간 것 같다며 너무나 좋아하신다. 근심 걱정 없는 천진난만한 소녀들 같았다. 가르치는 즐거움에서 잔잔하게나마 다시 행복을 찾은 것 같다. 역시 봉사를 시작한 덕에 마음이 안정되고 정신 건강에도 도움이 되었다. 가르치기도 하고 배우기도 하며 사는 것이 아름답게 살아가는 방법이라고 생각한다.

행복의 종류는 다르나 나에게는 다시 찾은 행복이다.

(2014. 4)

당황 한 스푼 기쁨 세 스푼

20여 년 전의 학부모로부터 전화가 왔다. 아들 경훈이가 결혼을 한다고 한다. 선생님이 제일 생각났다며 "선생님께 알리고 싶은데 실례가 되는 건 아닌지 망설이다가 전화를 했습니다."라고 한다. "전화 잘 주셨어요. 너무, 고맙습니다. 축하합니다."

전화를 끊고 정확히 따져보니 23년 전에 가르친 제자다. 그때의 담임을 잊지 않고 결혼 소식을 보내주니 무어라 말할 수 없는 영광 같은 기쁨이었다. 타임머신을 타고 강산이 두 번 이상 바뀌기 전으로 거슬러 올라가 본다. 아련하게 떠오르는 경훈이는 키 크고 잘생긴 남자아이였다. 뒤에 앉아 싱글벙글 웃으며 공부하던 귀공자 같은 남학생이었다는 기억이 차츰차츰 돌아왔다. 노래를 좋아하고 말하는 것도 어른스럽고 인사 잘하는 모범 어린이라는 것…. 얼마나 컸을까! 대학은, 현재는 무슨 직장에 나가나 등등 궁금했다. 지금 생각에는 그 당시 외아들이라는 것만 알고 있다.

그 후 세월이 흘러 오늘에 이르렀다. 결혼식 전날 아침 일찍 전화가 울렸는데 경훈이 엄마 목소리다.

"너무 일찍 전화 드렸나 봐요."

"아니 괜찮습니다."

"많이 바쁘시죠?"

사실 잠에서 벨 소리 듣고 막 깨어 비몽사몽 상태로 전화를 받았다.

"부탁을 드리고 싶은데 괜찮으실까요"?

'갑자기 무슨 부탁?' 속으로 생각하는데 결혼식 날 신랑 신부를 위해 축사를 해달라는 것이다. 주례가 없고 아버지가 성혼선언문 낭독과 덕담을 하신 후에 축사를 해 주시면 고맙겠다고 한다.

어떻게 대답을 해야 할지 잠시 생각에 잠겼다. 많은 하객 앞에서 실수나 하면 어쩌나, 그렇다고 일학년 때 선생님을 믿고 어렵게 부탁을 했는데 자신 없어서 못하겠다고 말하기는 더더욱 미안했다. 그래서 한 번 제자는 영원한 제자다. 내가 제자에게 못할 말이 뭐 있겠나 싶어 학교에서 학생들에게 하던 대로 '격려와 희망적인 얘기를 들려주자.'라는 생각이 스치자

"네, 하겠습니다. 축사할 수 있는 시간을 내주셔서 영광입니다."라고 했다.

10월 12일 토요일이다. 하늘은 드높고 청명한 가을 날씨다. 30분 전에 도착했는데 많은 축하객들이

몰려오고 있었다. 부모님 옆에 서 있는 신랑을 23년 만에 처음 보는 것이다.

180cm 정도의 늘씬한 신장에 어느 탤런트보다도 잘생긴 경훈이의 모습은 정말 멋있게 잘 컸다. 결혼 축하한다며 경훈이를 안아보았다. 경훈이 품에 내가 안긴 것이다. 정말 대견하다.

식이 시작되자 좀 긴장이 되었다. 앞에 서 있는 늠름한 신랑과 아름다운 신부를 보니 너무 기특하여 먼저 웃음이 나와 빙그레 웃었더니 같이 따라 웃는다.

'저는 23년 전 신랑 유경훈 군 초등학교 일 학년 때 담임입니다.'로 시작했다. 입학식 때 경훈이를 본 첫인상부터, 수업 때나 생활 태도가 모범이었고 버릇처럼 가르친 말에 실천을 잘한 것 같다는 내용으로 축사를 했다. 즉 '배우는 어려움은 짧고 못 배운 설움은 길다.'라는 문구를 붓글씨로 써서 교실 벽에 붙여놓고 교육했던 기억이 난다.

즉 배워야 하는 시기에 잘 배우고 사회에 나가야 당당하게 긴 세월을 잘 살아갈 수 있다는 것을 강조했는데, 신랑 경훈 군은 역시 열심히 노력하여 좋은 대학을 나와 대기업인 삼성에서 실력 발휘를 하니 정말 자랑스럽다고 칭찬했다.

그 뒤에는 부모님의 정성스런 도움과 특히 어머니의 적극적인 가르침이 크셨다고 말했다. 아들을 위해 온갖 정성을 다한 부모님의 고마움을 항상 기억해야 된다고도 강조했다. 그리하여 훌륭한 사회인으로 우뚝 섰기에 예쁘고 착실한 규수를 만날 수 있어서 축하한다는 말을 하고 신랑 신부에게 한 말씀하겠다고 했다.

"지금 우리나라에서는 저출산으로 심각합니다. 그런데 요즘 젊은이들은 아이 기르기 힘들다는 이유로 출산을 기피하는데 그것은 자기네끼리만 잘 살려는 이기주의라고 생각합니다. 자식을 키우다 보면 어려운 일도 있지만 키우는 과정에서 재롱도 보고 웃으며 행복을 느낍니다. 또 삶의 의욕도 왕성하게 생깁니다. 부모님에게는 손자 손녀를 안겨 드리는 효도가 되고 나아가서는 나라에 이바지하는 애국자가 됩니다.

다시 신랑 신부에게 부탁합니다. 아빠 닮은 아들 하나, 착하고 예쁜 엄마 닮은 딸 하나, 엄마 아빠 반씩 닮은 자녀 하나는 꼭 출산하기 바랍니다. 또한, 살다 보면 꽃길만 있는 것이 아닙니다. 가시밭길을 만날 때라도 서로 이해하고 의지하며 사랑이 넘치는 안식처 스위트홈을 이루십시오. 그리고 신랑 신부가 가는 곳에는 언제나 미소가 있고 활기찬 모습이 보여주길 바랍니다. 끝으로 하객님들께서는 새 출발하는 새 가정을 잘 지켜봐 주시고 아낌없는 조언 부탁드립니다. 이상으로 축사를 마치겠습니다. 신랑 신부 가는 앞길에 파이팅!! 감사합니다."

하고 내려오는데 박수가 크게 들렸다. 하여튼 기분은 괜찮았다. 예식장 여자 도우미가 "어쩌면 그렇게 말씀을 잘하세요" 하는데 앞길을 잘 응원해준 듯해 안심이 됐다.

친구들의 축가도 끝나고 신랑 경훈이가 노래를 한다. 계절과 오늘 결혼식에 딱 맞는 노래다. '시월의 어느 멋진 날에'의 긴 가사를 신부를 보며 싱글벙글 웃으며 하는데 자연스럽고 많이 행복해 보였다. 어렸을 때도 노래를 잘 부르더니 역시 지금도 멋지게 잘하네. 라며 감탄을 했다. '참 잘 컸구나! 경훈아, 지금처럼 앞으로도 쭈욱 행복하길 바란다.'

신랑 신부와 사진도 찍고 식권을 가지고 식당에 가서 맥주부터 한 잔 들이켰다.

이제 집에 갈 생각을 하니 그때부터 발가락이 아파서 걷지를 못하겠다. 신발을 벗어 던져버렸으면 딱 좋겠다. 4호선 전철을 타고 돈암역까지 오는데 고통이 이만저만이 아니었다. 전철에서 내리자마자 택시를 타고 집에 와서 딸한테 고생한 얘기를 했다. 딸은 굽 높은 신발은 싸가지고 가서 예식장에서 바꿔 신어야지 하며 엄마가 잘못했다고 핀잔만 준다. 맞다. 왜 그 생각을 못했을까 유학 중이던 딸에게 물어보니 가방 속에 구두가 있고 회사에 도착하면 바꿔 신는다고 한다. 우리나라에서는 잘 볼 수 없는 풍경이다.

오늘 발가락은 고생을 했으나 옛날 학부모의 부탁은 잘했든 못했든 들어 주었으니 마음은 홀가분하다. 경훈이가 좋은 가정을 꾸려 행복하게 살기를 바랄 뿐이다. 또 이런 당황한 부탁이 종종 있었으면 좋겠다.

(2019. 10. 30)

5.

일상과 기억,
그 미묘한 조화

일주일에 한 번의 강좌이지만 기쁨과 보람을 느끼며 건강한 삶에 큰 활력소가 되었다. 한 주일 지내는 동안 이 시간이 빨리 오기를 기다려진다. 멋있는 댄스 스포츠로 예술적인 감각도 만끽하면서 노후를 즐기고 싶다.

-「본문」 중에서

마음, 마음

- 예단과 예물 -

결혼식을 올리기까지 준비 과정에서 큰 비중을 차지하는 것 중에 예단과 예물이 빠질 수 없다. 요즘 딸을 결혼시킨 친구가 예단으로 양가 부모님이 금반지를 똑같이 맞추어 하나씩 끼었다고 한다. 물론 자식들의 결혼기념도 되고 예단의 부담을 덜어 주기 위해 딸 시어머니의 제안이었다고 했다. 결혼비용도 절약하고 예단이라는 고민거리를 해소시켜 준 것 같아 매우 멋진 시어머니라고 생각되었다. TV에서 보면 엄청난 예단 요구로 결혼이 성사되지 않은 예도 보았는데 여기에 비하면 얼마나 현명하고 바람직한 제안이었을까. 친구의 이야기를 들으니 옛날 내가 결혼할 때의 일이 떠올랐다.

우리는 양가가 모두 넉넉하지 못한 편이어서 예단은 생략하자고 합의를 보았다. 신랑은 일찍 상경하여 하숙 및 자취를 하며 직장에 다녔지만 저축할 여유가 없었다고 했다. 나 역시 가정 형편이 어려워 월급날이면 월급봉투 그대로 아버지께 갖다 드렸다. 그럴 때마다 "네 월급은 잠깐 썼다가 너 시집갈 때 모두 줄 것이다."라고 하시는 아버지의 모습이 안쓰러워 보였다. 실은 부모님의 수입이 별로 없어서 나의 적은 월

급이 그즈음엔 꽤나 보탬이 되었던 것이다. '시집을 가면 그나마도 없을 텐데'라고 생각하니 마음이 무거웠다. 좀 더 부모님께 도움을 드리지 못하고 시집을 가게 되어 죄송할 뿐이었다.

신랑 예물을 어떻게 해야 하나 하고 생각하고 있을 때 신랑이 자기에게 어떤 예물을 해줄 것인가 물었다. 그러면서 자기에게 해줄 예물을 현금으로 줄 수 없느냐고 했다. '신부 쪽에서 주는 대로 받을 것이지, 어떻게 현금을 요구하나' 하고 기분이 좀 언짢았다. 그래서 알았다고 하면서 어머니께 말씀을 전해드렸다. 어머니께서는 한참을 말없이 계시더니 "오히려 잘됐다. 현금으로 주면 우리도 편하고 그쪽도 마음대로 할 수 있으니 좋지 않니?"라고 하셨다. 어머니마저 신랑을 의심하고 믿지 않으면 어쩌나 했는데 뜻밖의 말씀을 하시니 안심이 되었다. 양복, 코트, 시계, 반지 등의 값을 대강 계산하여 현금으로 건네면서도 '참 이상한 사람이야.'라는 생각은 가시지 않았다.

어느 날 신랑은 나와 함께 동대문광장에 가서 고향분이 운영하는 포목점에서 새색시가 입을 다홍치마와 연두색 저고리, 시골에 사는 두 분

누님들의 한복감을 끊었다. 또 투피스와 코트감도 끊어 명동에서 이름난 양장점에 가서 사이즈를 재고 맞추었다. 다음엔 구두와 핸드백, 시계와 반지, 목걸이 등 함에 넣을 예물을 구비했다. 신랑 예물을 준비하라고 준 현금으로 신부예물만 몽땅 사는 일로 시간을 보냈다. 신랑이 왜 현금으로 달라고 했는지 알만했다. 도와줄 부모님도 안 계시고, 형님 한 분인데 형편이 넉넉지 않았다. 아마 신랑은 홀로 결혼 준비를 하느라 고민을 많이 했을 것이다. 신랑의 예물은 언제 할 것이냐고 물었더니 자기 것은 다 준비되었으니 걱정 말란다.

드디어 결혼식 날이 왔다. 식이 시작되고 깔끔하게 새 양복을 차려입은 신랑이 입장했다. 예물교환 때 신부에게 반지를 끼워 주고 신랑에겐 번쩍거리는 시계를 채워 주었다. 물론 시계는 신랑이 준비하여 미리 나에게 주었던 것이다.

그 시절엔 피로연은 하지 않고 하객에게 찹쌀떡이나 수건, 그릇 같은 선물을 하나씩 들려주는 것이 유행이었다. 옛날부터 잔칫집에서는 지나가는 나그네와 거지에게도 밥을 먹인다고 했는데 결혼 축하객에게 식사 대접도 못하고 돌려보내는 것이 미안했다. 지금처럼 식사를 대접했더라면 더 좋았을 텐데…. 신랑 신부를 태운 차는 남산 한 바퀴를 드라이브하고 온양으로 신혼여행 떠난다고 서울역으로 갔다.

그곳에서 따라온 친구들을 돌려보내고 기차를 타고 간다더니 갑자기 택시를 탔다. 한참 동안 가다가 창밖을 보니 낯익은 거리를 달리고 있었다. 학생 때 사생대회를 하러 갔던 정릉다리를 건너고 있지 않는가! "아니 여기가 온양인가요?"라고 물었더니 신랑은 빙긋이 웃으며 온양에다 왔다고 했다. 사전에 정릉 방갈로에 예약을 했던 것이다. 이것 역시 경비를 줄이고자 그랬던 것 같지만 너무했다. 진짜 신혼여행은 내일 떠난다고 했다.

밤사이 내린 함박눈으로 나무마다 탐스러운 눈꽃이 피었다. 그리고 깨끗하고 하얀 세상으로 변했다. '온양 안 가길 잘했어. 이렇게 아름다운 설경을 볼 수 있으니 얼마나 좋은가!' 기분이 상쾌하고 마음이 포근했다. 어머니가 해주신 이바지 음식을 가지고 형님이 계신 시골로 떠났다. 기차 속에서 커피를 마시며 도란도란 이야기하는 시간이 매우 행복했다.

이바지 음식과 술을 가지고 선친의 묘소에 가서 결혼을 아뢰었다. 신랑은 이런 신혼여행이 보람 있지 않느냐고 하면서 돼지고기, 홍어, 막걸리 등으로 잔치를 벌였다. 동네 할머니들은 색시 구경을 한다고 몰려와서 술 한 잔씩 마시고는 "저렇게 복스러운 색시를 고르려고 이제야 장가를 가는군" 하며 덕담들을 하시는 것이었다. 부끄럽고 쑥스러운 3박 4일을 지내고 서울로 왔다. 그런데 결혼식장에서 채워준 신랑의 시계가 보이지 않는다. 물어보니 "그 시계보다 내가 차던 가죽시계가 훨씬 좋아. 그 시계는 친구 시계방에서 잠시 빌렸다가 돌려주었어."라고 한다. 정말 어이가 없었다. 신랑은 신부한테 변변한 예물도 못해 줘서 미안하다고 하면서 자기는 예물이 필요 없는 사람이라고 했다. 그러고 보니 신랑이 새로 준비한 것은 까만 양복과 구두뿐이었다. 요즘 사람치고는 정말 구두쇠 같은 절약가라고 생각되었다. 나 역시 신랑의 형편을 알았기에 예물은 기대도 하지 않고 예물보다는 신랑과 인생 설계를 하는 것이 더 재미있고 즐거웠다.

결혼이란 두 집안이 하나의 집안으로 화합되는 것인데, 예단이나 예물로 갈등이 생긴다면 행복한 결혼생활을 시작할 수 있을까? 지난날을 생각해 보면 예단과 예물은 살아가는데 그다지 중요하지 않았다. 살면서 기회가 있을 때마다 하나씩 받는 선물이, 미리 받는 예물 못지않게 새롭고, 또한 부부간의 애정이 더 돈독해지는 것 같았다. 결혼 전에 예단과 예물 준비로 신경 쓰는 일만 없어도 신랑 신부의 고민 한 가지는 덜어주는 셈이다.

예단으로 사돈끼리 금반지를 똑같이 만들어 끼자고 제안한 안사돈은 양가를 편안하게 하면서도 형식은 다 갖춘 셈이니 예단에 손색이 없다고 생각한다. 새 출발하는 신랑 신부가 잘 사는 것이 중요하지, 예단이 뭐 그렇게 대수로운가. 과연 예단과 예물이 결혼하는 자녀들에게 크게 비중을 두어야만 하는지 혼주들은 다시 한번 생각해 봐야 할 것 같다.

결혼 때 예물로 받은 브로바 시계는 골동품 처지가 되었지만, 그때에는 정말 예뻤다. 지금 꺼내 봐도 너무나 앙증맞고 신부에게 딱 맞게 디자인된 시계라고 생각한다. 금반지와 금목걸이는 김대중 대통령 때 금 모으기 운동에 협조하느라고 모두 없어졌다. 반세기가 지난 오늘날에도 가끔씩 브로바 시계를 보면서 지난날의 희로애락이 녹아 있는 추억들을 회상하며 나도 모르게 미소를 짓는다.

(2014. 12)

가슴 아픈 약속

친척 결혼식에 참석하기 위해 새벽부터 서둘렀다. 먼 길이라 늦을까 봐 자주 손목시계를 들여다보면서 문득 40여 년 전 신혼 시절, 결혼선물로 받은 브로바 시계를 애지중지 차고 다녔던 옛 생각에, 그 시절이 영화 필름처럼 떠올랐다.

날씨도 쌀쌀한 2월 어느 일요일, 유난히도 그날은 우리 집에 손님이 많았다. 친정 부모, 조카 친구, 남편 친구 등 다과 준비만 해도 무척 바빴다. 오후에 시장 보러 나가면서 시간을 보려고 손목을 보는 순간 '아! 내 시계!' 책상 위에 풀어놓고 그냥 나온 것이 생각났다. 허전함을 느끼면서 금방 돌아올 것인데 그동안 별일이야 있을라고…. 하면서도 예감이 좋지 않았다. 부지런히 저녁 찬거리 몇 가지를 사 가지고 돌아와 곧바로 시계부터 찾아보았다. 분명히 있어야 할 자리에 시계가 보이지 않는다. 어찌된 일인가? 그 순간 왠지 직감적으로 조카 친구 J에게 의심이 가는 것이다.

J는 조카와 같이 서울 A급 초등학교를 졸업하고 명문인 B여중에 합격이 되어 놀러 오는 때가 종종 있었다. '이를 어쩌나' 시계가 없어졌다

고 큰소리로 떠들 수도 없고 가슴만 답답하다. 밤새도록 잠이 오지 않아 이 궁리 저 궁리로 밤을 새웠다. 남편은 J를 함부로 의심하지 말라고 해도 화살은 계속 J에게로 갔다.

그 당시 아이들 삼촌에게 내 생각을 모두 털어놓으며, J부모님을 만나보고 오라고 부탁했다. 다음 날 답십리 J네 집에 갔더니 J가 머뭇거리면서 얼른 나오지 않는다고 했다. 어머니가 서울 D초등학교 교사라고 하여 J와 함께 학교로 찾아가서 말씀을 드렸더니, 우리 딸은 절대로 그런 아이가 아니라고 화를 많이 내셨다고 한다.

그다음 날 오후, J는 내가 근무하는 서울 H초등학교로 왔다. 어머니가 써주신 편지라고 하며 내게 주었다. 편지 내용은 무슨 근거로 J를 의심하느냐? J가 정말로 시계를 가져갔다면 집에 한 발자국도 들여놓지 않을 것이며, 또 J의 소행이 아니라고 판명되었으면 결백하다는 것을 써 보내라는 편지다. 그렇지 않으면 가만히 있지 않겠다는 협박의 내용도 있었다.

'이것 정말 큰일이구나! 까딱하면 시계 잃고 망신까지 당하게 생겼다.' J어머니가 나와 같은 초등학교 교사라는 것도 놀랐고 대선배와 맞서게 될지도 모른다는 생각을 하니 마음이 착잡해진다.

J를 데리고 빈 교실로 가서 마주앉아 얘기를 시작했다. 견물생심이 생기도록 시계를 방치해 놓은 내 잘못이 크다고 했고, 그 시계가 나한테는 중요하고 의미 있는 것이지만 J에게는 차고 다닐 수도 없고 팔아 보았자 얼마 받지 못할 것이니 좋은 마음으로 시계를 돌려주었으면 좋겠다고 했다. J는 그날 집에 찾아온 손님이 많았는데 왜 하필이면 자기를 의심하느냐고 당당하게 말을 잘한다. 그때 오신 분은 친정 부모님과 남편 친구분인데 어느 부모가 자식의 물건을 탐하며, 어느 친구가 친구 부인의 물건에 손을 대겠니?

이런저런 얘기를 두 시간쯤 했을 때 그 시계 팔았니? 집에 있니? 하고 물었더니 "집에 있어요." 하고 자기도 모르게 얼떨결에 대답하는 것이었다.

'아! 성공이다. 긴 시간 동안 설득한 보람이 있네.' 나는 J에게 솔직히 말해 줘서 고맙다고 했다. 그리고 성장과정에서 호기심으로 남의 물건에 손을 댈 수도 있으나 이것이 습관 되면 '바늘 도둑이 소도둑 된다.'는 속담처럼 그야말로 도둑놈의 신세가 되는 것이다. "그러니 이런 행동은 마지막이다. 하고 아주 끝내야 한다."라고 누누이 타일렀다. 조카에게도 너의 짓이 아니라고 말할 것이며 너의 어머니께도 너의 소행이 아니라고 답장을 써줄 테니, 앞으로는 두 번 다시 이런 행위는 하지 않겠다고 약속하며 손가락을 걸고 엄지손가락으로 도장도 찍었다.

"J야, 고맙구나! 대답하기 정말 어려웠을 텐데…. 나와 같이 너의 집에 가서 시계를 주렴." 절대 아니라고 부정만 하던 J는 풀이 죽어서 말을 고분고분 듣는다.

버스를 타고 답십리 J집에 갔다. 단독주택으로 비어 있는 듯 조용하다. 어쩐지 적막하고 쓸쓸한 느낌이 든다. 주부가 없어서일까? J가 건네준 브로바 시계를 받아 가지고 오면서 곰곰이 생각해 보았다. J가 무엇이 아쉬워 이런 짓을 했을까? 또 남의 자식 가르친다, 하다가 내 자식 가슴에 멍드는 것은 아닌가? 생각할수록 참담하다.

아무것도 모르는 J어머니는 내 편지를 보시고 어떤 표정을 하셨을까? 안도감을 갖는 동시에 딸을 의심한 나를 퍽 원망하셨을 거야. 내가 한 일이 잘한 것인지 잘못한 것인지 잘 모르겠다.

조카는 B여중에 가서도 J와 같은 반이 되었다. 그런데 학급에서 아이들의 버스표와 돈이 없어져 담임 선생님께서 속상해하신다는 말을 듣는 순간 J짓이 아닌가? 생각해 보았다. 설마 손가락 걸고 단단히 약속했는데….

그 후에도 계속 학급에서 돈과 버스표가 없어진다는 소리가 들려왔다. J어머니에게 J를 의심해서 죄송하다고 편지를 써드린 것이 잘못된 것일까? 지금이라도 만나서 자초지종을 모두 말씀드려야 될까? 하고 고민스러웠다. 만일 J가 범인이 아니라면 이 또한 큰 실수가 아닌가? 고민만 하다가 일 년이 지나갔다. 2학년에 올라가서도 조카는 J와 같은 반이 되었다. 체육시간이 끝나고 반 친구들이 용돈, 버스표, 샤프연필 등이 없어졌다고 야단들이란다. 그 말을 듣는 순간 가슴이 철렁한다. 아무래도 범인이 J같다. J어머니를 만나볼까? 아니야, 남의 딸 의심한다고 화내면 어쩌지? 불안한 시간들이 흘러갔다.

일 학기가 거의 끝날 무렵이었다. 학급에서 없어지는 일이 계속되니까 담임 선생님은 고민 고민하다가 단체 기합도 주고 나름대로 범인 찾아내기에 노력했으나 아무 단서도 찾지 못했다. 그래서 체육 시간에 담임 선생님이 직접 빈 교실에 들어와 교사용 책상 밑에 잠복해서 지켜보았단다. 체육 시간이 끝나기 10분 전쯤 J가 들어와 빠른 손놀림으로 아이들 책상과 책가방을 뒤지는 현장을 잡았다고 한다. 아! 이 일을 어쩌나! 망설이다 때가 늦었구나! 시계를 찾았을 때 J어머니께 사실대로 말씀드렸더라면 이 상황까지 오지는 않았을 텐데…. J가 다시는 그러지 않겠다고 손가락 걸고 단단히 약속한 것만 믿었던 것이 잘못이었나?

J의 도벽 행위를 사실대로 알려드리지 않은 것은 또 한 가지 이유가 있다. 가슴 아파할 J어머니의 상처를 덜어드리기 위한 것이었는데 오히려 화근이 되었으니, 조용히 끝나는 것만이 능사가 아니었다는 것을 절실히 깨달았다. 잘못했다는 것을 뉘우쳤으나 너무 늦었다. 제발 J가 아니었길 바랐었는데….

그 후 J는 B여중에서 퇴학을 당하고 서울에선 전학이 어려워 시골로 갔단다. J어머니께 미안하기보다 죄스러웠다. 내가 이래도 교육자라고 자부할 수 있는가? 교육자의 본분을 다하지 못한데 대하여 가슴이 아프다. 시계를 찾는 데만 급급하지 말고 그 뒤에라도 야무지게 J를 돌봐주었더라면 하는 후회와 안타까운 마음뿐이었다. 만일 J가 내 자식이었더라도 그냥 훈계만으로 넘어갔을까? 아마도 따끔하게 혼을 내주며 버릇을 고쳐주었을 것이다. 시계를 찾았을 때 담임교사처럼 응징했더라면 어땠을까? 하는 생각도 해보았다. 약을 준다는 것이 독이 되고 말았으니…. 인생에 있어서 어떤 것이 옳고 어떤 것이 그른 것인지…, 또 남을 배려한다는 것이 오히려 해를 주는 격이 되고 말았다.

J도 이제는 중년이 훨씬 넘었을 텐데, 더 가슴 아픈 것은 시골로 간 후로는 소식이 없다. 무소식이 희소식이라고 하지만…. 학업은 계속했을까? 도벽은 고쳐졌을까? 더 나빠지지는 않았을까? 딸을 잘못 키웠다는 죄책감에서 자신을 한탄해야만 하는 고개 숙인 J어머니의 모습이 보이는 듯하다.

나 역시 자식을 둔 어머니로, 교사의 한 사람으로 사명을 다하지 못한 것 같아 마음이 무거웠다. 오랜 세월이 지났건만 지금도 그때의 J와 손가락 걸고 한 약속은 지켜지지 않아 가장 가슴 아픈 약속이 되고 말았다. 멀리서나마 J가 잘 산다는 소식이 들리기를 기대해 본다.

(2010. 4)

역적이 애국자가 되었네

젊은이들이 아이를 낳지 않아 인구가 줄어들어 큰일이라는 소리가 매스컴을 통해서 들려오고 있다.

우리나라는 예로부터 아들을 매우 선호해 왔다. 나는 60년 중반에 딸 둘을 낳았다. 아들이 하나 있었으면 더욱 좋았겠지만 두 딸로 만족하자고 했다. 남편은 아들이 넷이나 되는 큰댁에서 양자를 하나 데려온다고 한다. 아들이 꼭 있어야 하나? 만약 양자를 들인다면 얼마나 신경이 쓰일까를 생각하니, 힘들지만 내가 아들을 낳아야겠다는 생각이 들었다.

그 후 3년 만에 아들이기를 바라면서 세 번째 아기를 낳았다. "딸입니다." 하는 간호사의 음성을 들으니 정신이 몽롱한 상태에서도 금방 다시 낳고 싶었다. 속상했다. 어째서 딸만 낳을까? 아들 잘 낳는 사람들이 참 신기했다. '아들 낳을 때까지 낳아 보자' 하며 오기가 생겼다. 연년생으로 네 번째 아기를 낳았다. "아들입니다" 하는 순간 '아! 나도 드디어 아들을 낳았구나!' 하고 책임을 완수했다는 생각에 안도의 숨을 내쉬었다.

딸만 셋을 낳았을 때 궁합이 좋지 않다고 결사적으로 결혼을 반대한 큰시누이는 아들 잘 낳는 여자를 구해 놓았으니 그만 살고 나가라고 하며 마음을 아프게 했었다. 남편은 배운 사람이 참으라고만 한다. 아들을 낳았다는 기쁨에 시누이의 불편한 소리도 참을 수 있었다. 그러면서 또 아기를 갖게 되었다. 이제 아들도 하나 있는데 뭘 또…, 그런데 절친한 친구 신자는 4남매보다 5남매가 더 좋다고 아무소리 말고 낳으라고 했다. 나도 한번 아들을 낳으니 또 아들일 것 같은 자신감과 욕심이 생겼다. 그래서 낳은 아기가 둘째 아들이었다. 드디어 5남매의 엄마가 되었다. 아이들을 데리고 나가면 할머니들이 쳐다보면서 "거, 다 한집 애유?" 하고 물어보신다.

근무하던 학교에서 4년 만기가 되어 다른 학교로 전근이 되었다. 교장실에서 새로 부임한 선생님들이 모여서 오리엔테이션을 가졌다. 상호 간 인사를 하고 간단히 자기소개를 했다. 그러면서 교장 선생님께서는 자녀들은 몇이나 두셨느냐고 물어보셨다. 모두들 1명, 내지 2명이라고 대답했다. 내 차례가 왔는데, 5남매라면 깜짝 놀랄 것 같아서 농담으로 "딸 셋은 전처 자식이고 아들 둘은 제 자식입니다."라고 말했다. "자녀들이 많아서 그렇게 말씀하시는군요." 모두 한바탕 웃었다.

며칠 후 볼일이 있어서 서무실에 갔더니 서무실 직원이 "선생님, 전처 자식이 셋이나 되신다면서요? 대단하셔요." 한다. 자식이 많아 겸연쩍어서 농담 비슷하게 한 말이 진담으로 전해질 줄이야…. 변명도 하기 싫어서 "예"라고 얼버무렸다.

그 당시에는 '아들딸 구별 말고, 둘만 낳아 잘 기르자'라는 구호가 한참 빗발쳤던 때이다. 그래서 5남매의 엄마라고 말하기가 송구스러웠다. 같이 근무하던 막역한 동창 문자는 농담 반 진담 반으로 "너는 역적이야."라고 놀려댔다. 아무리 허물없는 동창이지만 좀 심한 것 같았다. "두고 봐라, 모두 애국자로 만들어 놓을 테니까."라고 말했더니 문자의 하는 말이, 아이 한 명을 낳으면 문화인이고 둘을 낳으면 현대인, 셋은 야만인, 넷은 원시인, 다섯은 역적이라고 했다.

그 말을 들으니, 시국에 맞는 말 같아서 마음이 씁쓸했다. 또 국가에서도 명수에 제한 없이 도움을 주던 공무원 자녀의 중고등학교 등록금도 74년부터는 두 명까지만 지급했다. 나는 72년에 다섯째를 출산했기 때문에 5남매 모두 혜택을 받았다. 옆에서 누군가가 운이 좋은 사람이라고 말을 했다.

세월이 흘러 불혹의 나이가 된 5남매는 대학을 나와 결혼하여 자기 나름대로 활동하고 산다. 넷째인 큰아들은 아버지의 사업을 이어받고 다섯째인 둘째 아들은 미국 유학을 하고 와서 외국인 회사에서 열심히 근무하고 있다. 셋째 딸도 미국에서 석사를 하고 자기 분야의 학원을 운영하며 겸임교수로 몇 대학에 강의를 나가고 있다. 가끔 고위공무원의 아들들이 기피하는 군복무도 큰아들은 육군, 작은아들은 해병대에 자원입대하여 무사히 병역 의무를 마치고 대한민국의 남아로 씩씩하게 살아가고 있다. 첫째인 큰딸은 대학원까지 나오고도 또 공부하겠다고 Y대학 대학원에 입학했다. 둘째 딸도 역시 대학졸업 후 시대에 맞게 새로운 공부를 한다고 사이버대학에 들어가 자기계발에 힘쓰며 자녀교육에 정성을 다하고 있다.

'가지 많은 나무 바람 잘 날 없다'고 기쁜 일, 슬픈 일, 아이 다섯 기르는 동안 무슨 일이 없겠는가. 맞아서 팔이 부러져 오기도 하고, 때려서 치료비도 물어주고, 또 아이 둘을 잃어버렸다가 찾기도 하는 등 다사다난한 세월들이었다. 어떤 때는 너무 바쁘고 힘이 들어서 '일주일만 조용한 곳에 가서 쉬었다 왔으면' 할 때도 있었다. 그러나 집안 어르신들의 칭찬과 격려로 마음을 다스리며 긍정적으로 살아왔다.

오늘날 젊은 사람들은 아이 낳기를 원치 않는다. 일단 부부의 자유로운 시간을 빼앗기고, 사교육비가 많이 들어 경제적으로 힘들며 성폭력, 학교 폭력 등 아이들 키우기에 안전한 사회가 아니어서 그런 것 같다. 그러나 생각해 보면 그들은 너무나 쉽고 편하게 자기네끼리만 잘 살려는 이기적인 것 같아 마음이 아프다.

옛날 어른들의 말씀에 사람은 자기가 먹을 것은 가지고 태어난다고 했다. 또 형제자매가 많으면 성격도 원만해지고 생존경쟁의 의식도 있어 독립심도 일찍 키워진다고 본다. 인구의 감소로 심각해지는 오늘날 거의 외동 아니면 많아야 두세 명 정도이다. 갈수록 아이들이 줄어들어

초등학교는 빈 교실과 폐교된 곳도 많다. 육칠십 년대만 해도 팔십 명이 넘는 콩나물 교실에서 이제는 20명 내외로 줄어들었다. 그리하여 국가에서는 출산비, 유치원비 등을 대주며 아이 낳기를 권장하나 아직은 별 효과가 없는 것 같다. 점점 고령화 사회가 되어 일할 수 있는 젊은이들이 모자라서 걱정이 된다. 그나마 지금의 노인들이 모두 떠나고 나면 인구가 더 줄게 되어 국력에 영향이 클 것이라고 본다.

중국은 90년도에 인구 13억이라고 하더니 지금은 20억이라고 한다. 6·25전쟁 때 인해전술로 밀고 내려오던 중공군 생각이 난다. 잠자는 사자가 일어났다고 하더니 눈부시게 발전하고 또한 넓은 대지 위에 인구가 점점 늘어나니 국력이 막강해지고 있다.

인구가 점점 줄어들어 걱정되는 이 시대에 자녀가 몇이냐고 묻는다면 이유는 말할 필요도 없이 "딸 셋, 아들 둘 5남매를 두었습니다."라고 당당하게 말하리라. 가만히 있어도 역적이라고 놀림 받던 내가 애국자로 역전된 셈이다. 이제 와서야 아이가 많아 부끄러울 것도 없고 죄스러울 것도 없어졌다. 오히려 자랑스럽다. 다만 수명 백세시대에 노인과 아이들의 수효가 비슷하면 더 좋을 것 같다.

요즘 젊은이들도 아이들을 많이 출산하여 애국자라는 자부심을 가지고 산다면 얼마나 좋을까? 기르는 동안 힘들었지만, 역적이 애국자가 되었으니, 역시 자식은 많이 낳고 오래 살고 볼 일이다.

(2012. 9)

국위선양

- 터키, 그리스관광 -

청소를 하다가 진열장 안의 메달에 눈길이 닿았다. 십여 년 전의 일이 주마등처럼 눈앞에 펼쳐지며 빙그레 웃음이 나온다. 좋은 추억은 역시 큰 재산인 것 같다.

삼선모임에선 방학을 이용하여 여행을 간다. 여름에는 국내, 겨울에는 해외여행을 하면서 견문을 넓히는 것이다. 우리나라의 명승고적을 찾아다니며 관광과 함께 그 고장의 특산물과 토속음식을 먹어보는 재미도 쏠쏠했다. 대나무로 유명한 담양의 떡갈비, 순창의 순창고추장, 화개장터, 울릉도의 명이김치, 거문도, 백도, 제주도, 등등 두루 여행을 하면서 금수강산 삼천리라는 노랫말을 실감하였다.

겨울방학이 되어 터키와 그리스로 여행을 가게 되었다. 터키에서 버스를 타고 가면서 끝없는 대지 위에 펼쳐져 있는 올리브나무를 보았고, 높은 바위 정상에 아슬아슬하게 자리 잡은 사원 멧데오라와 평지에 있는 크고 작은 사원들을 둘러보았다. 촛불과 향을 피우고 열심히 기도하는 그네들의 모습을 보고 우리도 숙연해져 잠시 고개 숙여 이번 여행이 잘 끝나게 해 달라고 기도했다.

하루 일정이 끝날 무렵 가이드가 이스탄불에서 유명한 벨리댄스를 구경하라고 권유한다. 일인당 60달러라고 하여 좀 비싸다고 생각했지만 언제 또 터키에 오겠냐며 관람하러 갔다. '오리엔트하우스' 간판부터가 화려하고 번쩍거리는 불빛이 우리의 마음을 들뜨게 하였다. 주위에는 카페, 맥주홀 등이 네온사인으로 예쁘게 장식한 것 또한 예사롭지가 않았다.

홀에 입장하자마자, 아리랑 경음악이 흘러나와 깜짝 놀랐다. 운동장 같이 넓은 홀에는 테이블마다 자기 나라의 국기가 꽂혀 있다. 안내를 따라 가보니 우리 테이블에도 태극기가 꽂혀 있고 와인과 여러 가지 과일, 과자들이 먹음직스럽게 준비되어 있었다. 우리는 기분이 좋아서 아리랑을 따라 불렀더니, 이어서 「서울의 찬가」, 「만남」을 연주하며 마이크를 우리에게 갖다 준다. 성악과 출신인 안회장이 대표로 불러 큰 박수를 받았다. 정신을 차리고 둘러보니 각 나라의 국기가 꽂혀 있어 만국기를 보는 듯하였다. 이스라엘 테이블은 연속으로 세 개나 된다. 미국, 프랑스, 영국, 중국, 일본 등 다양하다. 먼 곳에 있는 테이블은 잘 보이지 않으나, 굉장히 많은 사람들로 꽉 차 있었다.

우리 일행은 무대 가까이 앉아서 잘생긴 사회자를 자세히 볼 수 있었다. 터키에 와서 느낀 것 중 하나는 어쩌면 그렇게 미남미녀가 많은지, 흰 피부와 파란 눈동자, 갈색 머리, 뚜렷한 윤곽 등 너무 예뻐서 터키인들을 보며 부럽기도 하였다. 아시아와 유럽의 경계선에 있는 나라이기 때문에 혼혈관계로 인물이 좋다고 한다. 엄청난 올리브나무를 비롯해 대단히 축복받은 민족이라고 생각되었다.

1부는 터키사람들의 무대였다. 아름답고 화려한 전통무용과 벨리댄스를 즐겁게 감상하고, 2부에서는 역시 멋지고 매너 좋은 사회자의 지시에 따라 방청석과 함께 하는 프로다. 각 나라의 테이블에서 한 사람씩 무대로 올라오라고 한다. 일행들이 갑자기 나를 밀어내는 바람에 할 수 없이 넓은 무대로 올라갔다. 여자들만 나와서 무대를 가득 채웠다. 약 서른 명가량 되는 것 같았다. 넓고 화려한 무대 뒤쪽에는 오케스트라의 연주자들이 아름다운 유니폼을 입고 멋있게 자리 잡고 있다. 사회자는 연주에 맞추어 춤을 추며 우리에게 따라 하라고 한다.

얼마쯤 하다가 음악이 멈췄다. 사회자는 중간, 중간 사람들을 대열에서 가려내어 무대에서 내려보냈다. 그리고 다시 사회자를 따라 춤을 추라고 하더니 음악이 또 멈춘 다음, 다시 몇 사람을 추려서 내려보냈다. 보아하니 춤이 어설픈 사람을 내려보내는 것이다. 무대에는 일곱 사람만 남았다. 그중에는 나도 끼어 있었고 무대 자리가 아주 넓어졌다.

다음에는 한 사람씩 인터뷰하고 음악에 맞추어 춤을 추게 했다. 맨 끝에서 앞사람들의 춤을 보며 차례를 기다렸다. 그들은 정보를 알고 왔는지 모두 의상이 예쁘고 멋이 있었다. 백바지가 아니면 미니스커트를 입고 날씬하고 젊어서 더 아름다웠다. 첫 번째로 추는 사람은 제자리에서 양손을 올리고 음악에 맞추어 엉덩이만 돌리는 아주 섹시한 춤을 춘다. 두 번째, 세 번째, 그 외에 사람도 모두 비슷하게 춤을 추었다.

검정 바지에 빨간 티셔츠 차림인 나는 어떻게 할까 하고 안무를 구상하는데, 내 차례가 왔다. 무대 중앙으로 나가서 인터뷰부터 시작한다.

어디에서 왔느냐? 결혼했느냐? 누구와 같이 왔느냐? 등으로 물어보고 사회자가 연주자들에게 사인을 보내니, 두 박자의 경쾌한 음악이 나왔다. 꼬레아의 명예가 달렸다는 생각이 들어서 '실력 발휘 한번 해보자' 하고 에어로빅을 배운 사람만이 할 수 있는 모션을 서너 번 하였더니, 방청석에서 우레와 같은 박수가 나왔다. 어두운 방청석이라 표정은 잘 볼 수 없었지만 환호하는 박수 소리로 대단한 반응을 알 수 있었다.

사회자는 춤의 챔피언을 뽑기 위해 방청석의 박수로 결정을 한다고 말했다. 그러나 첫 번부터 일곱 번째까지 박수 소리가 비슷하여 가려낼 수가 없다면서 남자들만 앉아 있는 프랑스 팀에게 심사자격을 주었다. 약 20명 정도의 프랑스 사람들은 잠시 머리를 맞대고 의논을 하더니 "챔피언 꼬레아"라고 크게 외쳤다.

그 순간 마치 올림픽에서 우승한 것처럼 가슴이 뛰었다. 사회자가 금메달을 나에게 걸어주는데, 올림픽에서 금메달을 목에 걸고 국기에 대한 경례를 하던 우리나라 선수들의 모습이 떠오르며 잠시나마 국위선양한 기분이 들었다. 무대에서 내려오는데 우리 일행은 물론 여러 나라 사람들도 엄지손가락을 보이며 "챔피언, 챔피언" 하면서 나에게 시선을 보내었다. 여기저기서 "꼬레아, 꼬레아" 소리도 들려왔다. 우리 일행은 아주 기뻐하며 '국위선양'했다고 좋아했다.

벨리댄스만 관람하는 줄 알았는데 뜻밖에 이런 일까지 벌어지니 정말 즐거웠다. 가이드는 한국 관광 팀을 여러 번 담당했지만 이렇게 활

달한 팀은 처음이라며 가이드 생활 중에 가장 재미있었다고 했다. 수없이 해외관광을 다녔지만 이렇게 유쾌해 보기도 드문 것 같았다.

그럴진대 올림픽에서 금메달을 딴 우리 선수들이 감격의 눈물을 흘리는 것은 당연하다고 본다. 오랜 선수 생활을 하면서 땀으로 범벅이 된 피나는 노력의 결정체이니, 얼마나 보람 있고 감격스러울까! 태극기가 올라가고 애국가가 울려 퍼질 때, 보고 있던 나도 눈물이 날 때가 한두 번이 아니었다. 그리하여 대한민국의 위상을 높였으니, 이 선수들이야말로 국위 선양한 진짜 애국자가 아닌가!

얼떨결에 금메달을 목에 걸었지만 여러 나라 사람들 앞에서 '꼬레안'의 당당함을 보여주었으니, 이것 역시 국위 선양이 아닐까! 과거 이십여 년간 비만에서 벗어나려고 꾸준히 노력해온 에어로빅의 결실이라고 본다. 옛날 아버지께서 '경우의 왕자가 되어라.'라고 말씀하신 적이 있다. 즉 공부, 일, 심지어는 노는 일까지 어떤 경우라도 최고가 되어야 한다는 것이다. 어떻게 그리할 수 있겠느냐마는 무엇이든 최선을 다하라는 뜻에 의미를 두신 것 같다.

우리가 활발하게 여행을 하며 관광을 즐길 수 있는 것도 우리나라의 경제, 문화, 사회발전의 덕택으로 어디에 가든지 어깨를 펴고 다닐 수 있음에 감사한다. 가끔 여행 때 구입한 작은 기념품들을 하나씩 들여다보면 그때의 추억이 되살아나서 기분이 좋아진다. 특히 '터키 이스탄불 오리엔트하우스, 벨리댄스 챔피언' 이란 글귀가 새겨있는 금메달을 보면서 정말 국위 선양한 것 같아 웃음이 저절로 나온다.

(2011. 7)

관심이 사랑이다

"빨리 좀 비켜주지" 중얼거리며 누군가 내 옆을 지나간다. 굽은 허리에 배낭을 메고 지팡이를 짚은 팔십쯤 보이는 할머니였다. 누구 보고 비켜 달라나 하고 앞을 보니 구급차의 왱왱거리는 소리가 들리고 있었는데 아무도 그 소리에 관심이 없는 것 같았다. 나 역시 구급차의 경적 소리를 들었건만 물끄러미 272번 버스 오기만을 기다리고 서 있었다. 좌우, 앞으로 둘러싸인 구급차는 꼼짝도 못하고 왱왱거리기만 하는데 좀처럼 빠져나갈 수가 없었다. 그제야 구급차 안의 환자는 얼마나 애가 탈까? 또 생사의 기로에 있는 것은 아닐까? 하는 생각이 든다.

문득 2년 전 남편이 급성맹장이 되어 시각을 다투던 생각이 떠올랐다. S대학병원 응급실에서 맹장이 벌어지고 있어서 빨리 수술해야 된다는 진단이 나왔으나 입원실이 없다는 이유로 규모가 작은 협력병원으로 보내졌다. 그곳에서는 어려운 수술이라고 하며 적어도 중환자실이 있는 대학병원급으로 가야 한단다. 환자가 원하면 수술은 할 수 있으나 책임을 질 수 없다고 했다. 뭐 이런 사람이 의사란 말인가? 여러 대학병원을 알아보았으나 모두 허사였다. 환자는 촌각을 다투고 있는데…,

어찌해야 할지 앞이 캄캄하고 속수무책이었다. 시간은 자꾸만 지나가고 마음은 초조한데, 언뜻 조카사위가 명동 B병원에 근무했었다는 생각이 났다. 지푸라기라도 잡을 양으로 조카에게 전화를 걸었다. 죽으라는 운명은 아니었던지 빠른 시간 안에 B병원과의 연락이 되어 구급차를 타고 달렸다. 그러나 시간이 너무 지체되어 패혈증이 와서 의식을 잃은 채로 수술실로 들어갔다. 다행히 수술이 잘 되었다. 조금만 더 지났더라면 큰일 당할 뻔했다.

만약 인맥이 없었더라면 어떻게 되었을까? 정말 아찔했다. 우리는 다행히 조카의 덕을 보았지만 그런 인맥도 없는 사람들은 그저 죽어야만 하나 생각하니 너무 각박한 세상 같아서 씁쓸하기만 하였다. 금방 수술을 해야만 살 수 있는 사람을 응급실도 없는 작은 협력병원으로 보낸 처사에도 너무 화가 났다. 히포크라테스의 선서도 모르고 의사로서 자질도 없는 것 같다. 괘씸하기 짝이 없어 마음 같아서는 고발이라도 하고 싶은 심정이었다.

큰딸네가 독일 뮌헨에 살 때 보름 정도 다녀오게 되었다. 승용차로 시내를 달리고 있었는데 구급차의 요란한 경적 소리가 나서 어떻게 하나 관심을 가지고 본 적이 있다. 빽빽하게 달리던 차들이 그야말로 조금씩 양쪽으로 갈라지니, 차선 하나가 만들어졌다. 감탄이 저절로 나왔다. 구급차가 중단 없이 씽씽 달리는데, 내 속까지 시원했다. 딸의 말에 의하면 독일에서는 운전면허증을 발급하기 전에 구급차 등 비상사태 때 길을 비켜주는 것까지도 교육시킨다고 한다. 우리도 위급사항에 대처하는 것에 익숙할 수 있는 훈련이 필요하다고 생각했다.

몇 년 전 일본 미아자키에 갔다가 돌아오면서 공항면세점을 구경하게 되었다. 여름철이었는데 꼭 끼는 샌들을 신었더니 새끼발가락이 벗겨져 피가 났다. 티슈로 막았으나 밖에까지 번져서 빨갛게 보였지만 가만가만 구경하였다. 미아자키면세점은 한눈에 들어올 만큼 작았다. 어묵, 단무지, 과자, 캐러멜 등 간단한 식품들이 진열되어 있었다. 별로 살 것도 없고 발가락도 아파서 대기 장소 의자에 앉아 탑승시간을 기다리고 있었다. 그런데 조금 있으니 유니폼을 입은 면세점 아가씨가 내 앞으로 왔다.

그의 손에는 거즈와 반창고가 들려 있었다. 손수 피가 나는 곳에 거즈를 대고 반창고를 붙여주었다. 너무나 뜻밖의 일이라 어리둥절하여 우리말로 "고맙습니다. 감사합니다." 하고 인사만 했다.

아무것도 사지 않고 면세점을 한 바퀴 구경했을 뿐인데 이렇게 친절한 서비스를 받게 되다니, 정말 감탄하지 않을 수 없었다. 부탁한 것도 아닌데, 대기실까지 찾아와서 치료해 주는 마음씨에 눈물이 날 만큼 감동을 받았다. 외국인에 대한 관심과 사랑, 그리고 섬세한 관찰력으로 그 아가씨의 인품마저 높아 보였으며, 자기 몸처럼 돌봐주는 태도에 그 나라 사람들의 몸에 배인 봉사정신이 돋보였다. 정성이 깃든 일본 면세점 아가씨를 보면서 '과연 선진국의 국민답구나!'라고 생각했다.

2011년 3월 11일 대지진과 쓰나미로 일본은 큰 참변을 당했다. 그런 와중에서도 자신보다 이웃을 먼저 생각하는 일본 국민의 배려 정신과 질서 의식은 우리뿐만 아니라 세계 모든 나라에 귀감이 되고 있다.

우리나라가 지난날 일본으로부터 받은 치욕적인 역사를 생각하면 한없이 밉다. 그러나 그들의 꾸준한 근면성과 침착성, 또한 인내심과 친절한 태도 등은 우리도 배우고 본받을 점이라고 본다. 대재앙을 당한 일본 국민의 슬픔에 관심을 가지고 도와주는 것은 인간의 도리라고 생각한다. TV를 통해 모든 것이 부서지고, 쓸려나가고 아수라장이 된 현장을 보면서 미력이나마 성금에 동참하기 위해 스마트폰에 ARS의 전화번호를 눌렀다. 미야자키공항에서 면세점 아가씨의 따뜻한 마음과 배려에 간접적이나마 빚을 갚는 기회가 되는 것 같아 마음이 가볍다. 관심이 있어야 배려도 할 수 있고, 슬픔도 기쁨도 제대로 느낄 수 있다. 그러기에 관심을 갖는다는 것은 대단히 큰 사랑을 베푸는 것이다.

(2011. 5)

동창 길 선생

돈암초등학교에 부임하여 얼마 되지 않았을 때였다. 어느 날 동창 길 선생은 자기 텃밭을 보여준다고 학교 뒷동산으로 안내했다. 지대가 약간 높은 한 뼘만 한 땅에 흙을 고르고 상추, 고추, 케일 등을 심어서 점심시간이 되면 뜯어다 먹는 재미가 쏠쏠하단다.

연구부장을 맡은 길 선생은 학교의 전반적인 일과 출장 등으로 업무가 많았다. 부장 회의에서 무슨 일을 결정할 때에는 각 학년 부장의 의견을 수렴하여 결정하는데 길 선생과 1학년 부장을 맡은 나는 항상 의견이 일치하여 학교 일도 수월하게 할 수 있었다. 길 선생은 바쁜 와중에도 교직원 체육대회, 식목일 행사 등 학교에 어떤 일이 있을 때에는 쑥갓, 애호박, 등을 넣어 부침개를 부쳐 막걸리와 함께 간식으로 내놓았다. 선생님들은 화기애애한 분위기 속에서 먹고 마시며 직원 친목이 자연스럽게 이루어졌다.

98년, 교사 정년 단축으로 교육계에 회오리바람이 불었다. 65세에서 62세로 단축되니 교감, 교장 발령을 코앞에 두었던 선생님들은 억울하여 울분을 토했다. 62세 넘은 선생님들은 가차 없이 학교를 그만둬야

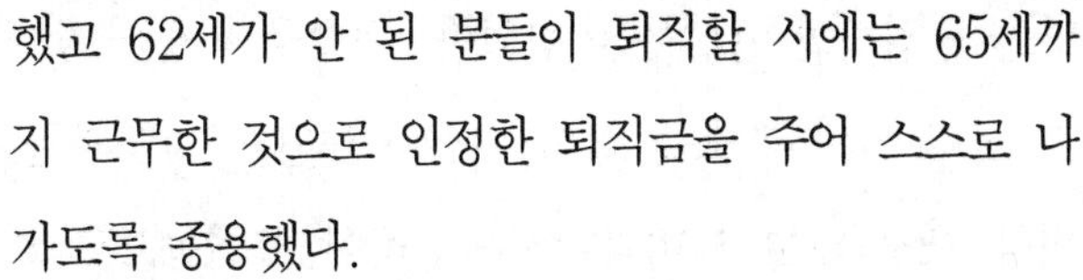

했고 62세가 안 된 분들이 퇴직할 시에는 65세까지 근무한 것으로 인정한 퇴직금을 주어 스스로 나가도록 종용했다.

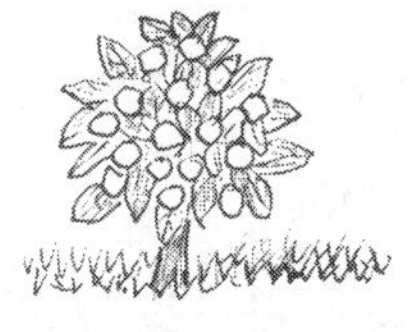

매스컴에서는 나이 든 교사들은 영어도, 컴퓨터도 못하는 무능 교사로 낙인찍었으며 그런 교사 한 명이 그만두면 실력 있고 젊은 교사 두 명을 채용할 수 있다고 하면서 교사의 자존심을 있는 대로 짓밟았다. 더구나 연금이 고갈되어 없어진다는 뉘앙스를 퍼뜨려 교사들을 불안하게 만들었다.

너무나 치사하고 자존심이 상해 우리 동창들은 물론 전국의 교사들도 55, 56세에 거의 교직을 떠났다. 너무 많이 퇴직하다 보니 선생님이 턱없이 부족했다. 국가에서는 할 수 없이 기간제 교사를 채용하여 10호봉의 급여를 주었다. 65세까지 퇴직금을 받고 퇴직한 선생님들이 다시 기간제 교사로 근무하여 급여를 받으니 나랏돈이 이중으로 지출되었다.

국가에서는 엄청난 착오를 일으킨 것이었다. 뿐만 아니라 예로부터 원로교사 한 분이 없어지면 도서관 하나가 없어진다는 말도 있지 않는가! 아이가 어른한테 배울 점도 많은데 늙었다고 그동안의 공로도 무시하고 쫓아내는 것은 참 안타까운 일이다.

길 선생도 그때 교단을 떠나 용감하게 제주도에

땅을 구입하여 귤나무를 심었다. 텃밭을 만들어 밭에다 아담한 집을 짓고 여러 가지 채소를 심어 자급자족한다. 화학과를 나온 길 선생은 금비를 쓰지 않고 퇴비를 손수 만들어 유기농으로 키운다. 유기농 귤은 껍질이 단단하고 거칠며 때깔이 곱지 않아서 상품 가치는 없어 보인다. 그러나 깊은 단맛이 있어서 먹어 본 사람들은 다시 찾는다.

길 선생은 여기서도 부지런하여 시범을 보이며 가끔 이웃들을 초대한단다. 유기농 채소로 반찬도 만들고 부침개도 부쳐 먹으며 즐거운 얘기와 정보도 듣는다고 했다. 예전 돈암초등학교에서 근무할 때처럼 여기 와서도 부침개를 만들어 대접하는 성의는 여전한 것 같다. 이웃들이 좋아 서로 도와가며 15년을 넘게 살다 보니 정이 많이 들었단다. 저녁에 시간이 날 때에는 마실도 간다며 몸이 더 건강해져 이곳을 떠날 마음이 없단다. 철 따라 유기농으로 기른 당근, 무, 귤 등을 돈암 모임 선생님들께도 보내준다. 때로는 제주도 흑돼지고기까지 가져와서 포식을 할 때도 있었다. 이런 친구가 있어서 뿌듯하다.

10여 년 전, 길 선생이 제주도에 이사한 지 오래되었는데도 못 가봐서 관광도 할 겸 2박 3일로 돈암 모임 선생님들이 제주도에 다니러 갔다. 길 선생이 펜션을 구해줘서 편하게 짐을 내려놓고 길 선생 내외가 봉고를 가져와 8명을 태우고 제주도의 명승지를 구경시켜주며 가이드 역할까지 해주었다.

그때는 젊은 시절이었는데 세월 앞에 장사 없다고 하더니 이제는 허리, 다리, 발목, 어깨 등 성한 사람보다 아픈 사람이 더 많아졌다. 건강할 때 길 선생한테 다녀오기를 잘했다고 생각했다. 지금 다시 가자고 하면 아무도 희망하지 않을 것 같다. 생, 로, 병, 사 중에 병까지 오지 않았나 생각하니 씁쓸해진다. 그렇지만 백세시대인데…, 나이는 숫자에 불과하다 생각하며 희망을 가져본다.

얼마 전 방학을 맞이하여 딸과 손자와 제주도에 여행을 가게 되었다. 길 선생에게 연락을 했더니 반가워하며 금방 달려온다고 한다. 길 선생 내외는 찐 옥수수와 복숭아, 망고, 과일 주스와 삼다수를 얼려 아이스 가방에 한가득 가지고 왔다. 길 선생의 성의가 대단히 고마웠다. 이렇듯 진정으로 이모저모 살펴주는 친구가 있으니 나야말로 참 행복한 사람이다. 떠나는 날에도 블루베리, 단호박을 넣은 백설기와 더덕장아찌를 예쁘게 포장해서 가져왔다. 한 가지라도 더 주고파 애쓰는 친정엄마와 같은 길 선생이다. 제주도민이 된 길 선생이 건강하게 귤 농사를 잘 지으며 행복하게 살기 바라는 마음 간절하다.

"길 선생, 고마워. 행여 우리가 또 갈지 모르니 아프지 말고 잘 살아요."

(2018. 9. 18)

생활의 활력소 Dance Sports

댄스 스포츠는 정말 멋있고 재미있는 운동이라고 생각한다.

하루 일과를 마치고 저녁 시간을 이용하여 배우기 시작한 지 얼마 되지 않았는데도 끊을 수 없는 내 생활 속의 일부가 되고 말았다. 그것은 그날에 있었던 스트레스가 해소되어 돌아올 때는 날아갈 듯이 기분이 상쾌해지기 때문일까? 이 운동을 시작하기 전에는 에어로빅을 20여 년간 하면서 체력을 유지해 왔다. 댄스 스포츠는 에어로빅처럼 노상 뛰는 운동이 아니어서 몸에 무리가 없는 기분 좋은 운동이다. 건강하고 즐거운 생활이 습관화되기까지는 그동안 크고 작은 사연들이 있었다.

지금으로부터 30여 년 전의 일이다. 80kg의 체중으로 소화도 안 되며 편두통이 심하여 짜증과 고통의 연속이었다. 그러다가 의사선생님의 진찰 결과 "살만 빼면 모든 병이 없어집니다. 운동을 하십시오."라고 하시는 말씀을 듣고 몹시 부끄러웠다.

'왜, 내가 진작 운동할 생각을 못했을까?' 하고 가슴을 치며 그때부터 살 빼기 작전으로 시작한 운동이 바로 에어로빅이다. 처음엔 뚱뚱한

몸으로 매우 창피하고 쑥스러웠지만, 목표달성을 위해 비가 오나 눈이 오나 결석하지 않고 열심히 다녔다. 그야말로 살과의 전쟁이다. 경쾌한 음악에 맞추어 하는 에어로빅(리듬체조)은 날이 갈수록 재미있고 몸무게도 빠지기 시작하였다. 꾸준히 운동한 보람으로 13kg을 감량하였다. 거짓말처럼 아픈 데가 사라지니 하루 생활도 즐거워지기 시작했다. 에어로빅 도사라는 별명까지 붙을 정도였으니까…, 에어로빅은 여성 운동으로 매우 좋다고 생각되어 혼자만 할 것이 아니라 나와 접하는 모두에게 가르쳐주고 싶은 심정이다. 그래서 운동 부족으로 아픈 사람들의 병을 고쳐주게 되면 얼마나 좋을까 생각했다.

그 후로는 전근 가는 학교마다 어린이, 어머니회원, 교사들에게 에어로빅 운동을 펼쳤다. 그들은 에어로빅을 좋아하고 행복해했다. 학교운동회, 학예회 때는 단골 메뉴로 참가해서 분위기를 생동감 있게 고조시켰으며 아동, 교사, 어머니들의 삼위일체가 되어 해마다 열리는 북부 종합예술제에 2회 연속 출연하여 많은 박수를 받았다. 또 교직원의 체육대회, 야유회에서도 에어로빅은 즐겁고 인화 단결에도 많은 도움을 주었다.

99년 3월 경희대학교 음악대학 서혜경 교수의 제

자와 함께하는 피아노 발표회에 서울 송중초등학교 어린이 에어로빅부 30명이 찬조 출연하여 경희대학교와 인연을 맺은 바도 있었다. 빨강, 노랑, 파란색의 유니폼을 입은 어린이들은 리본, 맨손, 아령의 세 파트로 나누어 경쾌한 팝송에 맞추어 깜찍하게 실력을 발휘했다. 방청석에서는 비디오로, 카메라로 사진을 찍느라고 여기저기서 불빛이 번쩍거렸다. 대학교에 초등학생이 출연하니 얼마나 귀엽게 보였을까. 이처럼 에어로빅 인생을 살아온 나에게 일대 변화가 일어나게 되었다.

댄스 스포츠는 올림픽 종목에도 들어있고 앞으로 댄스 스포츠를 모르면 인간다운 삶을 만끽할 수 없다는 사실에 관심을 가졌다. 2001년 3월 우리 가족들의 치아를 보살펴주는 경희대 치과 이만섭 박사님의 안내로 경희대 사회체육과 댄스 스포츠(Dance Sports) 강좌에 등록하게 되었다.

댄스 스포츠는 격렬하게 뛰면서 하는 에어로빅에 비해 두 사람이 홀드 하여 스텝과 시선을 맞추며 하는 분위기 있는 운동이다. 그렇지만 익히는데 그리 쉽지만은 않았다. 운동 차원에서보다 예술적 가치가 높아 보여 더 매력을 느낀다. 음악에 맞추어 적당히 뛰고 걷는 운동으로 몸에 무리가 가지 않아서 나이가 들수록 배우면 좋은 운동이라 생각된다. 조용하기도 하고 빠르고 경쾌하기도 한 음악만 들어도 스트레스가 저절로 풀리는 것 같은데 여기에 맞추어 댄스까지 하니 금상첨화다. 즐겁게 순서를 생각하면서 하는 댄스이기에 치매도 예방되리라고 본다.

아메리칸 스윙라틴댄스 자이브(JIVE)는 4박자의 경쾌한 음악에 맞추어 때로는 정열적으로 때로는 부드럽게 움직이는 운동으로 댄스 스포츠 10종목 가운데 가장 인기 있는 종목이며 초보자들이 제일 먼저 배우는 춤이라고 한다. 그리고 3박자의 분위기 있는 음악에 맞추어 물결처럼 우아하게 추는 모던댄스 왈츠(Waltz)는 배울수록 묘미가 있고 황홀하다.

댄스 스포츠를 열심히 익혀서 에어로빅처럼 필요한 때에 강사활동을 한다면 얼마나 보람 있을까 하는 소망을 가져 본다. 그런데 언제까지 댄스 스포츠를 할 수 있을까 하고 나이를 짚어 보았다. 나이는 숫자에 불과하다지만 언제 그렇게 많은 세월이 흘러갔는지 아쉽기만 할 뿐이다. 그러나 붙잡을 수 없는 게 세월이 아닌가? 남들이 보면 속없다고 할지 모르나 지금 같아선 얼마든지 할 수 있다는 자신감과 행복감으로 마냥 즐겁기만 하다. 나이를 의식하면 아무것도 할 수 없고 맥이 빠진다. "오로지 단순하게 하고 싶은 것 하면서 앞으로 나가는 거야." 주 1회 강좌이지만 댄스 스포츠 덕택으로 하는 일에 기쁨과 보람을 느끼며 건강한 삶을 살 수 있게 되었다.

일주일에 한 번의 강좌이지만 기쁨과 보람을 느끼며 건강한 삶에 큰 활력소가 되었다. 한 주일 지내는 동안 이 시간이 빨리 오기를 기다려진다. 멋있는 댄스 스포츠로 예술적인 감각도 만끽하면서 노후를 즐기고 싶다.

(2001. 6)

하모니카

노년이 되면 악기 하나쯤은 다루는 것이 치매예방도 되고 즐거운 생활을 할 수 있다고 한다. 항상 마음은 있었으나 차일피일 미루다가 세월이 많이 흘러갔다.

퇴직 후 뜻하지 않게 처음 골프채를 잡게 되었다. 3년 정도는 완전히 골프 삼매경에 빠져서 다른 것은 아무것도 손을 대지 못했다. 그런 가운데 생각난 것이 하모니카였다. 하모니카는 악기 중에 제일 간단하고 또 배우기도 쉬울 것 같았다. 가까운 L문화센터에 가서 알아보니 하모니카부가 없다고 하면서 여섯 분만 모시고 오면 강사를 초빙하여 하모니카부를 조직할 수 있단다. 빨리 배우고 싶은 마음에 친하게 지내는 옛 동료 일곱 분을 모시고 갔다. 그 후 하모니카부가 조직되어 첫 등록을 했고 3개월 후부터는 하모니카부의 회원이 늘기 시작했다.

강좌를 시작한 지 6개월에 접어들었다. 알고 있는 쉬운 동요나 가곡 등은 악보를 보지 않고도 불 수 있게 되었다. 그러나 하모니카 연주도 쉬운 것만은 아니었다. 바르게 잡고 음을 정확히 내며, 두상은 하모니카를 따라가지 말아야 하고, 고음은 약하고 곱게 불어야 했다. 계속 내

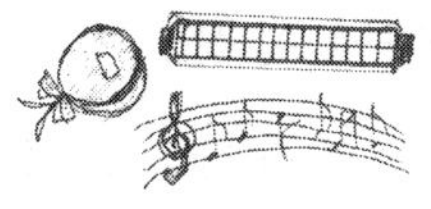

쉬고 들이마시는 호흡이 생각보다는 어려웠으나 차츰 터득하게 되었으며 점점 매력을 느꼈다. 다음 주에는 배운 것 중에서 자유로이 각자 발표를 한다고 한다. 시험은 아니지만 조금은 긴장이 되었다.

일요일이었다. 하모니카 연습을 해야겠는데 이날따라 남편은 외출을 안 한다. 남편은 가무(歌舞)를 싫어하는 사람이라 하모니카 소리내기가 미안했다. 조용히 책 읽고 명상을 좋아하는 성격이 나와는 대조적이다. 굳이 같은 취미가 있다면 오로지 늦게 배운 골프가 전부이다. 시골에서 어려서부터 노래나 춤은 딴따라나 하는 짓이라고 부모님께서 못하게 했다고 한다. 그래서인지 취미는커녕 가무에 해당하는 것은 모두 싫어한다. 예를 들면 단독주택에서 들려오는 개 짖는 소리 때문에 우리 아파트 주민이 수면 방해가 된다고 하니까, "노랫소리보다는 개 짖는 소리가 훨씬 좋은데, 뭘 그러느냐"고 할 정도로 가무를 싫어한다.

그런 남편을 피하여 안방 깊숙이 있는 목욕탕으로 가서 세 겹의 문을 닫고 '이쯤이면 안 들리겠지' 하고 한 시간 정도 가요 「고향 무정」을 연습했다. 그날 저녁 식사 때 남편은 밖에서 누가 하모니카를 부는데 은은하게 아주 잘 넘어가더라고 한다. "이

더운 여름 대낮에 누가 밖에 나와서 하모니카를 불까요?"라고 얘기하다가 가만히 생각해 보니 내가 분 하모니카 소리 같았다. 그래서 "아! 그 하모니카, 내가 분 거예요!"라고 하자, 남편은 한바탕 웃으며 "당신이 그렇게 잘 불어요?" 하며 한번 불어보라고 한다. 초보 수준으로 불다가는 오히려 실망할 것 같아 더 배운 다음에 불겠다고 했다. 그러고 보면 남편도 조용한 음악은 괜찮아하는 것 같았다.

하모니카를 불면 아버지 생각이 난다. 아버지는 색소폰, 클라리넷, 등 웬만한 악기는 다 연주하셨다. 옛날 할아버지 악단을 조직하여 고아원, 양로원, 교도소 등에 위문 공연을 다니셨던 아버지! 할아버지 악단에서는 색소폰을 연주하셨고, 집에서는 기타로 식구들의 마음을 즐겁게도, 구슬프게도 하셨다. 어머니의 고희잔치 때는 수준 높은 클라리넷 연주로 축하객들의 심금을 울려주었던 아버지의 모습을 영상으로 보노라면, 부모님에 대한 그리움이 밀물처럼 밀려온다.

중학교 시절 담임 선생님께서는 교내합창대회 때 반주를 하라고 하셨다. 그 시절에는 피아노를 배운 아이들이 거의 없었다. 나 역시 피아노를 쳐본 적이 없어서 큰 걱정을 하며 아버지께 말씀을 드렸더니, 이북에서 음악선생님이셨던 아버지께서 "너는 할 수 있어."라고 하시며 지정곡과 자유곡의 악보를 보시고 반주를 쉽게 만들어 지도해 주셨다. 그리하여 합창 반주도 성공적으로 할 수 있었다. 그때의 첫 경험이 나에게는 좋은 계기가 되어 초등학교 교사 시절에는 애국가 및 교사합창의 반주는 물론이고 친구, 친지들의 웨딩마치도 많이 쳐 줄 수 있었다.

'아버지는 음악에 재질이 뛰어나셨는데, 나도 아버지의 DNA가 반만큼이라도 가졌으면 이런 하모니카 정도는 문제없이 잘 불 수 있을 텐데…, 아버지처럼 여러 악기를 잘 다룰 수 있으면 얼마나 좋을까?' 이런 생각을 하며 하늘나라에서도 늘 악기를 연주하고 계실 것만 같은 아버지가 너무 보고 싶어진다.

하모니카 강사가 동기 부여로 불어준 「메기의 추억」, 「소양강 처녀」, 「황성옛터」 등 몇 곡을 듣고, 얼마나 배우면 그렇게 불 수 있느냐고 모두 눈을 반짝거리며 황홀해 했다. 강사만큼 불 수 있도록 열심히 배우고 싶었다.

오십 세쯤 된 여자 강사는 어르신들이 악보를 잘 읽는다고 천재들이라고 칭찬하며 열심히 가르쳤다. 이제 노년기를 맞이하였지만, 마음속엔 아직도 어린아이 같은 호기심과 젊은이 같은 청춘이 있음을 어찌하랴! 나이는 숫자에 불과하다고 생각하면서 희망을 가져본다. '늙어지는 것은 자연의 섭리이니 어쩔 수는 없지만 긍정적으로 받아들이자'라고 생각했다. 동호인들이 있어서 여러 종목의 취미생활을 즐겁게 할 수 있으니, 이 또한 행복한 세상이 아닌가? 인생은 70부터라고 한다. 시간에 쫓기고 동동거리며 바쁘게 살던 지난날에서 벗어나 느긋함과 여유를 가지고 의미 있는 노년의 삶을 살고 싶다.

(2011. 8)

하모니카 친구

친구 모임에 갈 생각을 하면 반가운 얼굴들이 떠올라 기분이 좋아진다. 각자 지낸 일들을 얘기하며 웃기도 하고 마음 놓고 수다를 늘어놓다 보면 어느새 스트레스도 풀린다. 그러나 그렇게 부담 없고 좋은 친구들이지만 매일 만나기는 어렵다. 나에게는 마음 놓고 매일 만나는 친구가 하나 있다. 그것은 바로 하모니카 친구다.

하모니카는 기쁠 때나 슬플 때나 항상 곁에 있다. 그래서 기쁨도 주고 슬픔과 외로움을 달래주기도 한다. 아니 하모니카로부터 즐거움을 찾는다. 부드럽고 은은한 소리는 마음을 안정시켜 주고 피리 소리, 트라이앵글 소리 등 오묘한 소리는 나를 매혹시킨다.

류마티스 관절염으로 모임에도 나오지 못하는 Y선생님은 같은 학교에서 근무하며 아주 가깝게 지냈었다. 지금은 만나지는 못하나 전화상으로 자주 통화한다. 이름이 은향인데 젊었을 때 너무 예뻐서 춘향이라고 불렀단다. 여름에 연분홍 칼라의 모시로 된 개량 한복을 입고 출근하면 하늘에서 내려온 선녀같이 아름다웠다. 이제는 연세가 드시더니 몸도 약해지고 다리에 힘이 없어서 잘 넘어진다고 한다. Y선생님의 취

미는 동요를 부르고 시를 외우며 하모니카를 부는 것이라 했다. 학교 현장에 계실 때는 학생들에게 하모니카를 지도하여 예술제에 출연시킨 적도 있다. 전화로 하모니카를 불어드리면 아주 좋아하시고 칭찬을 아끼지 않으신다. Y선생님은 만나지 못하는 친구들 대신 하모니카가 유일한 낙이요 친구란다. 좋아하는 노래를 부르며 자기만족으로 지낸다고 하신다.

하모니카는 작아서 지니기도 간편하고 마음을 달래주는데 안성맞춤이다. 또 기관지 천식에도 하모니카를 불면 매우 좋아진다고 하니 일거양득이 아닌가! Y선생님은 허약해서 입원했다가 퇴원했는데 역시 하모니카가 있어서 외롭지가 않았단다. 하모니카는 누구에게나 즐거움을 주는 좋은 친구가 될 수 있다고 생각했다.

또 하모니카를 불면 추억 속으로 여행을 한다. 북에 두고 온 고향 생각, 먼저 하늘나라 가신 부모님과 가까운 사람들을 생각하며 많은 사연을 속으로 읊어본다. 그러면서 인생의 덧없음과 무상함을 다시 한번 느끼게 된다. 하모니카가 아니었다면 허전하고 쓸쓸함을 어찌 견디었을까를 생각하니 하모니카가 고맙다.

무엇으로도 채울 수 없는 고독함을 오직 하모니카만은 알아주는 듯 울적함에서 헤어나게 하고 용기와 희망을 준다. 하모니카의 묘미를 알고 나니 새로운 내 인생의 반려자라도 된 것 같아 소중하다. 하모니카를 불며 옛사람들과 대화도 하고 또 외국에 사는 외숙모님과 통화하면서도 나의 애창곡을 하모니카에 담아 들려드리면 매우 좋아하신다.

친구는 거리가 있고 시간이 허락되어야 만나지만 하모니카 친구는 언제나 곁에서 고분고분 말도 잘 듣고 은은한 소리로 기쁘게 해준다. 늘 닦아주고 매만져서 내 신체의 일부처럼 느껴졌다.

거실에 앉아 하모니카를 불다 보면 냇물이 흐르고 구름이 흘러가듯 인생이 저절로 흘러가는 것 같다. 이처럼 다정한 하모니카에게 보답하는 길은 반짝반짝 빛나게 해주고 항상 즐거운 시간을 갖게 하는 것이다. 그래서 기분을 상승시켜 주는 것이 최선의 보답일 것이다.

찾아오는 자식들도 반갑지만, 말없이 기쁨과 희망을 주는 하모니카가 의지가 되어 귀중한 보물 중의 하나가 되었다. 애인처럼 사랑하고 만져주는 하모니카! 내 인생의 종착역까지 함께 갈 좋은 친구다.

다시 하모니카 친구의 경쾌한 노래가 계속 울려 퍼지고 있다.

(2014. 7)

6.

나는 계속 살아갈 것이다

요즘은 마이카시대가 된 지 오래되어(40년) 집은 없어도 승용차는 거의 소유하고 있다. 앞으로 얼마 동안 운전할지는 모르지만, 현재로서는 너무나 하고 싶은 충동을 느낀다.

-「본문」 중에서

짝

초등학교에선 일학년 입학식을 마치고 나면 짝부터 정해준다. 남녀가 짝이 되어 “짝짝 내 짝 사이좋은 내 짝” 하며 노래에 맞춰 손뼉을 치며 놀기도 한다. 체험학습이나 견학을 갈 때에도 항상 짝과 손을 잡고 간다. 또 어린이집이나 유치원에서의 올망졸망한 어린이들이 짝끼리 손을 꼭 잡고 선생님을 따라가는 것을 보면 신통하기도 하고 매우 귀엽다. 어린이지만 짝이 있어서 의지가 되어 즐거운 것 같다.

하루는 아들이 유치원 가기 싫다고 울상을 하고 있었다. 이유를 물으니 짝이 못생겨서 가기 싫다고 한다. 속으로 우습기도 하고 어이가 없었지만 살살 달랬다. “그럼 엄마하고 같이 가서 원장선생님께 예쁜 짝을 해주시라고 말씀드리자.” 하며 겨우 설득해서 유치원으로 데리고 갔다. 원장선생님께 사정 말씀을 드렸더니 웃으시며 알았다고 하신다.

유치원생 아들이 어느새 인물 평가를 한다는 데에 놀라지 않을 수 없었다. 그다음 날 아들은 신나게 유치원으로 달려간다. 아마 원장선생님이 예쁜 짝으로 바꾸어 주셨나 보다. 퇴근길에 유치원에 들러서 원장선생님께 “짝을 바꿔주셔서 고맙습니다.” 하고 인사를 드렸더니 원장선생님께선 궁금해하는 나에게 다음과 같이 말씀하셨다. 남자 한 줄 여자 한 줄을 세워놓고 마주보게 한 다음 남자아이들에게 짝하고 싶은 아이 손을 잡으라고 하셨단다. 그러자. 덩치가 큰아들이 힘이 세어서 제일 먼저 달려가 여자아이 손을 덥석 잡았다고 하셨다. 얼마나 재미있는 광경이었을까? 돌아오면서 내내 웃음이 나왔고 원장선생님의 아이디어가 참 좋았다고 생각했다. 갑자기 아들의 새 짝이 보고 싶었다. 수영장에서 찍은 새 짝 사진을 보니 피부가 희고 예뻤다. 알고 보니 내 동창의 딸이었다. 멀지 않은 이웃에 살아서 출근길에 가끔 만났다.

아들 승우는 유치원이 끝나면 새 짝인 희주네 집에 자전거를 타고 가서 "희주야, 놀자." 하고 큰 소리로 불렀다고 한다. 희주네 가정부 언니가 들어와서 같이 놀게 해주었다고 했다. 색종이로 배도 만들고 모자도 만들어 인형에게 씌어주고 자전거 타는 것도 가르쳐주며 재미있게 놀았다는 말을 들었다. 짝이 얼마나 좋으면 집에까지 찾아가서 놀았을까? 은행나무도 짝이 있어야 은행이 열린다. 비바람이 일고 폭풍이 몰아칠 때도 짝이 있어서 넘어지지 않고 견뎌낼 수 있다고 생각해 보았다. 어쩌다가 혼기를 놓치거나 또는 독신주의로 씩씩하게 사는 사람들도 있다. 그러나 그들을 보면 어딘가 허전하고 쓸쓸하게 보인다.

며칠 전 10년 전에 같이 근무하던 후배와 동료 교사였던 이 선생이 찾아왔다. 이 선생은 56세로 독신이며 아직 현직에 있다. 짝이 없어서 자유롭긴 했으나 쓸쓸하고 외로울 때가 많았을 것이다. 반면에 짝과 한평생을 살다가 홀로된 나에게는 열매들도 있고 짝과의 추억들이 있어서 보고 싶을 때가 많다.

그래서 진정 슬픔이 무엇인가도 터득한 것도 같다. 이렇게 짝과의 이별이 슬플 때 이 선생은 인생이 외로웠을지는 모르지만 이런 슬픔을 겪지는 않을 것이니 다행인지도 모른다. 그래도 유치원생이 자기가 좋아하는 짝을 찾듯이 짝을 만나 잊지 못할 추억들을 만들고 흔적을 남겨놓고 가는 것이 바람직한 인생이 아닐까? 그러고 보면 종심의 나이가 지나도록 잘 살았는데 하며 스스로 위로도 해본다. 이별이란 나이에 상관없이 슬프다. 친정 부모님은 66년을 부부간 해로하셨다. 어머니는 먼저 가신 아버지가 누워만 계셔도 살아계시면 좋겠다고 하셨다. 재령군민회 때 '부부 해로상'도 타셨다. 참 보기 좋았다. 아버지는 87세, 어머니는 96세에 가셨고 14년을 홀로 사신 어머니는 아버지가 얼마나 보고 싶으면 그리 말씀하셨을까. 짝은 유치원생은 물론 어른의 세계에서도 중요하고 필수적이라고 생각한다.

초중고 때의 짝, 모두 정답고 추억이 아름답다. 특히 남편이란 명칭을 가진 짝은 희로애락을 함께 하며 살아왔으니 그야말로 둘도 없는 중요한 짝이 아닌가! 물론 살면서 소낙비도 맞았고 눈보라와 태풍이 지나갈 때도 있었지만 그래도 버틸 수 있었던 것은 역시 짝이 있어서 당당했고 즐거운 삶을 살아온 것 같다. 그 어떤 경우에도 이해와 배려로 든든한 버팀목이 되어 주었으므로 짝이 더욱 소중했다. 비교적 행복하게 살았노라고 말할 수 있는 나의 삶은 항상 부족한 점을 채워주기도 하고 긍정적으로 생각해준 짝의 덕이었다고 해도 과언이 아니다. 그동안 사람들은 오복(五福)을 갖춘 여자라고 했는데, 그 시절로 되돌아가고 싶고 진정으로 짝의 그리움에 가슴이 저려온다.

(2013. 11)

구두 선생님

오래전부터 구두 굽이 닳으면 한길 가에 있는 구두수선방에 가서 굽을 갈아오곤 했다. 단골로 다니다 보니 구둣방 아저씨와 친하게 되었다.

어느 날 구둣방에 갔다가 화선지에 그린 한 폭의 동양화를 보게 되었다. "참 멋진 그림인데 혹시 아저씨가 그린 그림인가요." 하고 물어보니 그렇다고 한다. 수요일마다 오후 3시에는 일을 끝내고 그림공부를 하러 간다고 하니, 참 좋은 취미를 가지셨다고 격려했다. 그 뒤로부터는 참신한 느낌이 들어 호칭을 구두 선생님이라고 불렀다. 그분은 선생님이라니요? 계면쩍어하면서도 웃는 모습이 싫지는 않아 보였다. 나이는 50대 후반 정도로 보였다.

유럽 여행하면서 발이 편한 에코(ECCO) 신발을 세일 때라 저렴하게 사다놓고 신발장에서 몇 년이 흘렀다. 신발 정리를 하면서 보니 가죽은 아주 새것인데 밑창이 끈적끈적하여 시멘트 바닥에 쩍쩍 달라붙는다. 이 귀한 것을 사다 놓고 잊어먹고 있었으니 나도 참 한심하다 하면서 구둣방에 가져갔다. 구두 선생은 "가죽은 참 좋은데 아깝네요."라며 구두 밑창을 다 뜯어서 다시 가장자리를 예쁘게 해야 하는데, 자기는 못

하고 이런 신발들만 전적으로 고치는 곳에서 해야 한다고 했다. 자기 제자가 하는데 십만 원쯤 받을 거란다. 살 때는 5만 원도 안 준 것 같은데, 고쳐야 할까 말까 망설였다. 배보다 배꼽이 크다고 생각하는데, 이 정도 구두 사려면 삼사십만 원은 줘야 살 거라고 하며 가죽이 좋고 발이 편하다고 하시니 고쳐서 신으라고 한다. 구두 선생께서는 스승보다 더 훌륭한 제자를 두셨으니 "인생 성공하셨습니다."라고 했더니 하하하 웃으며 자기는 장비도 없거니와 손재주가 안 된다고 겸손하게 말한다. "그러시다면 제자에게 맡겨서 새 구두로 만들어 주세요." 하고 돌아왔다.

다음 날 전화가 왔다. 자기가 예상한 대로 수선하는 값이 십만 원이라고 하는데 "맡겨 놓을까요?"라고 한다. 이미 나에게 수선 값에 대한 정보를 주었는데 뭘 또 묻나 하고 생각했다. 자기도 수선 값이 고가라고 생각해서 미안해서 그랬나? 좀 비싸다는 느낌은 들었으나 단골인데, 또 생각하고 전화했는데 하며 그냥 맡기라고 했다.

며칠 후 맡긴 구두가 다 되었으니 찾아가라는 문자가 왔다. 어제 동창회에 참석하면서 오래전에 사 놓고 신지 않아 새것이라고 생각한 김수자 운동화를 신고 갔다가 신발 한쪽이 밑창이 떨어져 망신당할 뻔했다. 덜렁거리는 것을 얼른 뜯어서 휴지에 싸가지고 왔기에 가지고 갔다. 가서 자세히 보니 나머지 한쪽도 뒤쪽이 겨우 붙어 있는 것을 보았다. 마침 모임에 가는 길이라 올 때 찾기로 하고 운동화도 수선해 달라고 맡겨 놓았다.

동창회 총회 때는 여섯 명씩 조를 짜서 조장이 노래든 율동이든 가르쳐서 무대에 올라가 발표를 한다. 조장인지라 작년까지는 에어로빅을 간단히 가르쳤는데 올해는 나 자신이 다리가 아파서 총무에게 조장을 바꿔 달라고 했더니 아프다는 걸 믿지를 않는다. 올해가 마지막이다 하고 조원들에게 발표 의상과 운동화 착용을 전달하고 한 시간 일찍 오라고 하여 천천히 하는 민요를 택해서 가르쳤다. 그래서 아예 집에서부터 운동화를 신고 갔던 것이다. 새 운동화라 믿었던 신발이 밑창이 뜯어질 줄을 어찌 알았으랴. 그래도 아무도 모르는 것 같아서 다행이었다. 창피해서 누구한테 말도 못한 채 동창회를 겨우 끝내고 돌아왔다.

사람도 겉은 멀쩡해도 속으로 병들어 병원 신세를 지는 것처럼 신발 역시 겉은 말짱해도 세월을 먹다 보니 갈라지고 뜯어지고 구둣방 신세를 져야 한다. 병원 의사처럼 구둣방 구두 선생이 있어 다행이다. 만일 이런 분들이 없다면 고장날 때마다 신발을 새로 사야 하는 경제적인 불편함이 따를 것이다.

가끔 간단한 구두 굽을 갈 때 기다리며 볼 때가 있다. 흙 묻은 고장 난 신발을 정성을 다해서 신을 수 있게 만들어 주는 구두 선생의 모습을 보면서 참 성실한 사람이라고 느꼈다. 좁은 공간, 공기도 나쁘고 구두약 냄새가 밴 열악한 환경 속에서 칼로 가죽을 자르고, 사포로 다듬고, 구두약으로 구두를 반짝반짝 윤이 나게 해서 내놓는다. 어찌 보면 3D(혐오) 직업에 해당한다고 볼 수 있으나 나름대로 즐겁게 일을 끝내고 그림 그리기로 취미 생활까지 하는 것을 보면 직업에는 귀천이 없다는 말이 실감난다. 그림을 그려 전시회도 연다고 하고 일요일에는 낚시도 하면서 동호인끼리 즐거운 시간을 갖는다고 한다. 어떤 일이든 자기 일에 책임을 지고 만족할 줄 아는 사람이 진정으로 인생을 잘 엮어가는 것임을 구두 선생에게서 볼 수 있었다.

최선을 다해 열심히 일했을 때 보람도 느끼고 취미 생활로 스트레스 푸는 법을 구두 선생은 알고 있는 것 같았다. 모임에서 늦게 오게 되어 내일 구두와 운동화를 찾아가겠다고 하니, 수요일은 그림 그리러 가는 날이라 오후에는 구둣방의 문을 닫는다고 한다. 사실 그날은 나도 바쁜 날이다. 그래서 염려 말라고 하며 부지런히 공부하여 동양화의 대작가가 되라고 격려의 덕담을 보냈다. 구두 선생에게 구두를 맡기면 못 신을 것 같은 구두도 새 구두처럼 만들어 주니 믿음직스러워 자꾸만 맡기게 된다.

즐겁게 일하며 이야기를 들려주는 구두 선생이 혼신을 다해 그림을 그리듯 편하고 예쁜 구두를 만드는 양화점 주인이 되어 훌륭한 구두 선생으로 이름이 나면 좋겠다.

(2019. 11. 27)

보람

사람들이 어떤 일을 할 때에는 최선을 다하여 그 일이 성사됐을 때 비로소 맛보는 성취감이 보람이라는 것으로 돌아온다. 그것은 바로 노력의 대가이기도 하다.

20대 초반의 북한군 병사가 판문점 공동경비(JSA) 북측 초소에서 우리 측 자유의 집 방향으로 귀순했다. 북한군 병사의 귀순은 스릴 넘치는 한 편의 첩보영화를 보는 듯했다. 그 병사는 군용 지프차를 타고 군사분계선(MDL)까지 돌진하다가 배수로에 빠진 차를 버리고 남쪽으로 전력을 다해 달렸다. 북한군은 MDL 근처까지 따라오며 권총과 AK소총 등으로 무려 40발의 총격을 가해 자칫하면 공동경비구역에서 교전이 벌어질 일촉즉발의 상황이었다. 총격을 받은 귀순병은 1차 수술을 받았지만 위중한 상태였다. 수술을 집도한 아주대 병원의 중증외상치료 전문의 이국종 교수는 "내장 7군데 이상이 파열됐다"며 내장에서 발견된 관통상이 치명상으로 보인다고 말했다.

이 교수는 2011년 아덴만 소말리아 해적에게 납치된 인질을 구출하면서 총상을 입고 사경을 헤매던 석해균 선장을 수술하여 완치시킨 국

내 응급외상치료 최고 권위자란다. 그때 석 선장의 수술 장면을 TV로 보다가 깜짝 놀랐다. 서울 쌍문초등학교에서 2학년, 3학년 때 가르친 제자를 보다니, 그것도 아주 훌륭한 최고의 중증외상치료 박사가 된 이국종 교수를 뉴스를 통해서 본다는 것은 큰 영광이었다. 40여 년 전 흘러간 세월을 더듬어 보았다.

어린 시절 국종이는 고집은 좀 있는 편이며 일기는 물론, 숙제를 착실하게 잘해 왔다. 수업 중 발표를 야무지게 잘하여 항상 모범을 보이는 영특한 아이였다. 그렇게 똑똑하더니 역시 잘 컸구나. 그때의 국종이네 형편은 그 시절엔 누구나 그러하듯이 넉넉하거나 안정된 환경은 아니었다. 그가 오늘날 이와 같이 잘 자란 것은 어머니의 모성애 넘치는 가정교육이라고 본다. 그리고 그가 거친 학교의 훌륭한 스승들의 가르침이 있었기에 오늘이 있고 또한 본인의 성실한 노력의 결과가 아닐까?

6년 전 석 선장을 살려냈을 때도 그렇고, 이번에도 역시 총상으로 엉망진창이 된 귀순용사를 수술하여 살려내다니 이국종 박사, 정말 훌륭하다. 그리고 장하다! 내 제자라는 것 또한 기쁨이 아닐 수 없다.

남북의 무장병력이 코앞에서 마주보고 있는 공동경비구역을 통해 북한군이 귀순한 건 흔치 않은 일이다. 북한군의 총격으로 온통 부상을 입은 북한 병사가 헬기로 긴급 후송되어 수술실로 옮겨져 수술했다. 이 교수는 북한군 병사를 수술하면서 남한에서 40여 년 동안 본 적이 없는 기생충이라며 병사의 몸에서 나온 27cm 회충 등 수십 마리의 기생충을 떼어냈다고 했다. 이것은 참혹한 북한의 실상이 밝혀지는 현장이었고 한편 큰 충격이 아닐 수 없다.

이미 알려진 북한 주민들의 열악한 보건위생과 빈약한 영양 상태가 새삼 부각되었고 북한 주민 생활의 현실을 보여주는 증거가 되었다. 옥수수만 먹어서 대장에서 옥수수 나온 길이가 29cm나 된다고 했다. 공동경비구역에 근무하는 사병은 출신성분도 좋아야 하며 대우도 잘해주는 것으로 알고 있다. 그런데 귀순용사의 배 속에는 갖가지 기생충들만 우글우글하니 일반 주민들은 어떠할까 상상이 간다.

이 교수는 북한에서 항생제 같은 약을 써 본 적이 없어서인지 치료하는데 약이 잘 들어 효과가 좋았다는 이야기도 했다. 환자 옆에서 의료진과 쪽잠을 자며 깨어나기를 기다리고 온갖 정성을 다해 치료한 귀순용사가 드디어 의식이 돌아왔다. 얼마나 다행인가 한시름 놓았다. 생각하며 가슴이 떨리고 기분이 좋았다. 초등학생 때 가르친 영향력이 얼마나 미쳤는지 몰라도 모처럼 느껴보는 보람이었다. '이국종 파이팅!'이라고 외치고 싶은 충동도 느꼈다.

TV에서 본 이 교수는 신장이 크고 많이 말라 보였다. 건강을 해칠까 봐 염려가 된다. 본인의 체력관리도 생각하면 좋겠다. 요즘의 의사들은 외과 등 어려운 수술하는 것은 기피하고 안과나 소아과, 성형외과로 많이 기울어진다고 한다. 국민의 건강을 생각하는 것보다 너무 안일한 의사가 되고자 하는 것 같아 씁쓸한 마음마저 든다. 이런 세태에 힘든 응급 수술 의사의 길을 택한 이 교수가 더욱 크게 보였으며 더 자랑스럽고 뿌듯하다.

이국종 교수야말로 진정한 애국자라고 생각한다. 이와 같은 의사가 장래에도 많이 배출되어 좀 더 든든한 사회, 살기 좋은 나라가 되었으면 좋겠다.

교사가 제자들을 훌륭하게 가르치는 일보다 더 큰 보람과 기쁨이 또 있을까? 이국종 교수와 같은 제자들이 있어서 평생의 교직생활에 큰 보람을 안겨주니, 온 힘을 쏟아냈던 그 세월의 추억 속에 잠시 젖어본다. 보람이라는 낱말의 진정한 의미를 알게 된 며칠이었다. 이번 일로 이 교수를 가르쳤던 스승들뿐만 아니라 그 병사와 모든 이들에게 보람을 안겨 주었다.

이국종 교수는 이왕 몸을 바쳐 힘든 일을 개척하였으니 언제까지나 사랑과 봉사로 우뚝 서는 의사가 되길 바란다. 또한 이 나라에서 이 교수를 길러냈던 것처럼 제2, 제3의 이 교수 같은 박사들이 나오도록 이끌어주고 밀어주는 진정한 스승들의 맥이 잘 이어지기 바라는 마음 간절하다.

(2017. 11. 21)

베짱이 기질로 살고 싶다

어느 날 TV에서 군장대학 석좌교수 함영준의 '베짱이 기질로 세계를 넘다'라는 강의를 듣고, 개미와 베짱이 기질에 대하여 여러 가지를 생각하게 되었다.

『개미와 베짱이』의 전래동화에서 우리에게 주는 교훈은 누구나 잘 알고 있다. 옛날 어려웠던 시절에는 의식주를 해결하기 위하여 옆도 돌아보지 않고 개미처럼 일만 했다. 그러자면 얼마나 인내하며 스트레스를 받았을까? 그러나 근대에 와서는 세상이 좋아져 상황이 바뀌었다.

우리 민족은 원래 흥이 많고 재주가 많은 민족이다. 반도로 된 예술의 나라 이탈리아와 우리나라는 지리적으로도 비슷하고 성격과 취향도 거의 같다고 한다. 건축, 패션, 음악, 기분파, 가무, 풍류 기질, 신바람 기질이 그러하다. 또 유태인 민족과도 비슷하여 두뇌가 좋고 논리적이며, 창의력이 좋다고 한다. 유태인들은 '잘 쉬고 잘 놀자'라는 슬로건으로 닷새는 일하고 이틀은 여러 가지 스포츠 등으로 철저히 논다고 한다. 우리도 5일제 근무로 바뀌면서 점점 유태인과 비슷하게 되어가고 있는 것 같다.

20세기는 개미 기질로 한강의 기적을 낳았으며 21세기는 베짱이 기질로 K팝, 영화, 드라마 등으로 한류문화가 전 세계로 퍼지고 있다. 이렇게 개미 기질에서 베짱이 기질로 자연스럽게 바뀌어 가는 현상은 참 다행이라고 생각한다. 암울했던 일제강점기와 한국전쟁의 틀에서 벗어나 밝은 대한민국이 되어 가는 것 같다.

내가 D초등학교에서 근무할 때였다. 학년 말에 열심히 근무한 세 사람에게 성과금을 수여했다. 그중에는 나도 속해 있었다. 성과금을 받게 된 공적을 공개하는데 나에게는 '가장 신바람 나는 교사'라고 발표했다. 예술제가 있었던 해였는데 4종목의 프로를 가르쳐서 참가시킨 공적이었다. 큰 행사에 적극적으로 협조하는 모습이 즐겁고 의욕적이었다는 칭찬을 덧붙였다. 할 일을 했을 뿐인데, 나로서는 즐겁게 일하고 성과금도 받았으니 크나큰 영광이 아닐 수 없었다. 그런데 그렇게 할 수 있었던 것은 항상 음악과 함께하는 프로였기에 가능했다. 즐거운 음악을 들으며 가르치다 보면 보람도 느끼면서 피곤도 모르고 오로지 목표달성을 위해 나아갈 뿐이었다. 사람은 누구에게나 개미 기질과 베짱이 기질이 모두 잠재해 있는 것 같다.

집안일 등 어떤 일을 할 때에도 나는 항상 음악을 들으며 하는 습관이 있다. 그러면 힘든 줄도 모르고 어느새 일이 끝난다. 또 머리가 아프거나 컨디션이 나쁠 때에도 음악을 감상하면 봄눈 녹듯이 몸과 마음이 편안해진다. 만일 이 세상에 음악이 없다면 얼마나 삭막할까. 그런데 어느 날 목소리가 나오지 않아서 성대수술을 받았다. 수술 후에는 한 달 정도 말을 안 해야 하는데 지키지 못하여 고음을 낼 수 없는 허스키가 되고 말았다. 그 후로는 좋아하는 노래도 할 수가 없어 매우 속상했다.

그러던 중 노래하는 요리사 '이정복'의 이야기를 듣게 되었다. 이정복은 성악 공부하러 이태리에 가서 공부하던 중 턱관절이 자꾸 빠져서 노래를 계속할 수 없다는 지도교수의 판정을 받았다. 크게 실망을 하던 차에 어느 날 TV에서 요리 프로를 보던 중 너무 재미있게 보여 요리를 하게 되었다고 한다. 5분에 할 수 있는 요리 종류 700개의 레시피를 만들어 놓고 요리를 하며 손님들에게 노래 선사까지 한다는 이정복은 완전히 성악가에서 요리사로 탈바꿈했던 것이다. 긍정적으로 자기 인생을 개척해 가는 그의 삶이 훌륭하고 감동적이었다. 나도 노래는 잘 할 수 없지만 악기라도 해야겠다는 생각이 들었다.

그래서 생각한 끝에 휴대하기 쉬운 하모니카를 선택했다. 지금은 중급 정도로 불지만, 고급으로 불 수 있도록 재미있는 주법을 배우며 노력한다. 마음이 울적하거나 스트레스를 받았을 때에도 하모니카를 불면 기분이 좋아진다. 역시 인생은 음악이 있고 노래가 있어 즐겁다. 교단에서 아이들에게 주의 집중시킬 때에도 노래가 효과적이었고 아기를 재울 때에도 자장가를 불러주면 스르르 잠이 든다. 또 목장에서 젖소에게 음악을 들려주며 젖을 짜면 훨씬 잘 나온다고 한다. 음악은 역시 마음을 평온하게 해주는 만병통치약과도 같은 것이 아닐까.

나도 노래하는 베짱이 기질로 살고 싶다. 일만 하는 개미 기질과 노래만 하는 베짱이 기질을 병행하여 '현대판 베짱이 기질'로 산다면 노후에도 편안하게 보내면서 즐거운 마음으로 백세시대뿐만 아니라 그 이상의 시대도 맞이할 수 있을 것 같다. (2012. 7. 1)

도대체 언제까지

- 천안함과 민족의 비극 -

지난 3월 26일 백령도 서남쪽 해안에서 천안함이 침몰당했다. 처음엔 암초에 걸려 침몰한 것으로 생각하고 좀 더 튼튼하고 완벽한 함대를 만들었다면 좋았을 걸 하고 아쉬워했다. 그러나 차차 밝혀져 가는 천안함 침몰은 단순히 함정 자체의 문제보다 외부에서 오는 어떤 충격에서 폭파되었을 거라는 추측으로 모아지고 있다. 그렇다면 과연 천안함이 폭발할 만큼 큰 충격의 물체는 무엇이었을까를 생각해 본다. 지난번 우리 함정이 서해바다에서 북한으로부터 공격당했던 일이 생각났다.

북한은 1999년과 2002년 두 차례에 걸쳐 연평도 해전 도발과 작년 11월에도 대청도 근해에서 우리 해군 함정을 공격한 사실이 있다. 이것만 보아도 우리는 천안함 침몰 사태에도 북한을 의심하지 않을 수 없다.

6·25사변 이후 휴전상태에서도 오늘날까지 호시탐탐 남침의 기회만을 노리는 북한의 끊임없는 도발행위를 짚어 본다. 수도 없이 간첩을 남파하여 사회 질서를 어지럽히고 김신조와 같은 무장간첩을 투입시켜 청와대 습격을 계획하고 제1, 제2, 제3 이상의 땅굴을 파서 게릴라작

전을 꾀하는 북한 공산당! 남북적십자회담을 하고, 남북 이산가족 상봉을 실현하면서도 뒤로는 여전히 간첩을 보냈고, 금강산 관광사업으로 남한에 호의를 베푸는 척하면서 실속 차리는 북한이다. 우리는 너무 무사안일하게 바라만 보고 경계를 소홀이하는 것 같아 마음 답답할 때도 많다.

이 지구상에서 분단된 국가는 우리나라뿐이다. 비무장지대, 서해바다 북방한계선이 해제되어 우리도 독일처럼 통일되기를 바라는 마음 간절하다.

번번이 남침만을 생각하는 북한에 대응하는 우리의 어떤 적극적인 방법을 연구해야 되겠다고 생각한다.

천안함 사태에서 발생한 실종자 46명의 귀한 목숨이 아우성치는 소리가 들리는 듯하다. 한 가정의 가장과 귀한 아들들의 가족은 어찌 살란 말인가! 하루속히 살아 돌아오기를 간절히 바라며, 구조작업을 하는 잠수부들의 좋은 소식만을 눈 빠지게 기다리는 동안 하루, 이틀, 사흘 날짜가 갈수록 가족들의 가슴을 도려내는 듯한 아픔은 곧 우리 국민의 아픔이요, 슬픔이다.

레이더망에 포착된 물체는 북한함정이 천안함을 공격한 뒤 북상하는 것으로 생각하고 5분간 추격하며 발사했다는 것을 신문 지상에서 읽고 나니 어쩌면 맞을지도 모른다는 생각을 했다. 북한 공산당의 극악무도함을 온 세계에 폭로하고 이 지구상에서 몰아내야 하지 않을까!

30여 년간 오직 나라 사랑하는 마음으로 바다를 지키고 부하들을 내 몸보다 더 아껴주고 사랑함에 있어, 솔선수범을 보여주던 한주호 준위! 열악한 환경에도 불구하고 한 사람이라도 구하기 위해 목숨을 바친 한 준위의 희생정신은 우리 국민 모두에게 큰 교훈을 남겨주었다. 너무 안타깝고 지금까지 쌓아 올린 공든 탑이 무너진 듯 애석하고 억울하다.

초계함을 꼭 비치해야만 하는 우리의 어쩔 수 없는 운명이라면 자원을 많이 들여서라도 바다의 심층수 관찰은 물론 미세한 물체, 즉 어뢰나 기뢰 같은 것이 천안함에 접근하지 못하도록 해야 되겠다. 그러기 위해서는 미리 레이저로 쏴서 방지할 수 있는 최고 성능의 천안함을 만들고, 또 비상사태를 대비하여 목숨을 부지할 수 있는 비밀통로나 장비를 갖추어 완전무결한 천안함을 제작해야겠다.

또 바다의 왕자들이라 불리는 우리 해군들에게는 수준 높은 특수훈련, 빈틈없는 치밀한 계획, 어떤 난관도 헤쳐 나갈 수 있는 강인한 체력관리에도 소홀함이 없어야 하겠다. 이러한 만반의 준비로 오늘날과 같은 슬픈 참상을 두 번 다시 맞이하지 말아야 하지 않겠나!

점점 생존의 희망을 잃어가는 실종자들의 가족에게 무슨 말을 해도 위로가 될까마는 우리 모두 따뜻한 마음으로 슬픔을 감싸주는 아량을 베풀어야 하겠다. 그리고 생사의 갈림길에서 허덕이는 실종자들이 살아 돌아오는 기적이라도 일어나면 얼마나 좋을까를 생각하며 두 손 모아 기도한다. 천안함과 같은 민족의 비극이 다시는 일어나지 않도록 국민의 새로운 각오가 필요하다.

(2010. 3)

안전 불감증

아무리 생각해봐도 이해가 가지 않았다. 혈액검사, 엑스레이, CT까지 찍었는데 이상이 없으니 그냥 가라고 한다. 배가 아파서 허리도 못 펴고 응급실에 와서도 계속 토하는 걸 보면서도…. 그러면서 체중은 5kg이나 줄었고 물 한 모금 마시면 마신 물보다 훨씬 많은 녹색 물을 토했다. 눈은 점점 기운이 빠져 눕고만 싶었다. 통증은 계속되었다.

이름 있는 대학병원이라 믿었는데 CT에서도 이상이 없다는 이유로 가라고만 한다. 자기 부모였어도 그렇게 매정했을까? 이럴 때 병원에 친인척이라도 있었으면 부탁이라도 할 텐데…. 오빠도 K의대를 나와서 일반외과 전문의까지 했지만, 미국에서 활동하니 이웃사촌만도 못하다. 할 수 없이 배를 움켜쥐고 집으로 왔다. 이제는 어느 병원으로 가야하나 암담할 뿐이었다. 연휴가 되어 인턴들만 나와서 근무하는 것 같았다. 그래도 응급환자는 대만원이었다. 신음 소리와 빨리 손봐주지 않는다고 소리치는 사람들 등으로 시끄러웠다.

K대학병원 의료진이 엉터리라고 중얼거리며 집으로 와서도 계속 토했다. 여행에서 돌아온 셋째 딸네로 갔다. 정성스럽게 죽을 끓여 주어

성의를 생각해서 조금 먹었다. 밤새껏 부글거리며 배 속이 아프더니 새벽에 무섭게 토했다. 점점 통증이 심했다. 5일간의 추석 연휴도 끝났다. 기운이 없어서 잘 아는 내과의원에 영양제라도 맞으러 가는 중에 K대학병원에서 전화가 왔다.

"지금도 아프세요? CT 판독이 잘못되었으니 빨리 병원으로 오세요."라고 한다. "두 번씩이나 응급실에서 쫓겨났는데 뭘 믿고 또 갑니까?" 하고 전화를 끊었다. 내과의원에서 진통제를 주어 참을 만큼 아팠다. 내과원장은 K대학병원에서 온 전화에 직접 통화를 해본 후 빨리 그 병원에 가라고 적극 권했다. 가기 싫었지만, 이틀을 연속 응급실에 갔으므로 검사기록이 모두 있고 또 판독이 어떻게 잘못됐는지 알고자 세 번째 병원으로 갔다. 수액부터 꽂는다. 지금 수술하지 않으면 장이 유착되어 피가 통하지 않을 수 있고 썩으면 회복되지 않는다고 했다. 보호자가 사인하라고 하며 급하게 서둘렀다. 동영상을 찍고 곧 수술실로 옮겨졌다. 식구들이 밖에서 보니 한 시간 반 걸려서 수술이 끝났다고 한다. 의사는 혹시 암인가도 생각했는데 장이 유착되었다고 했다. 평소에 생각지도 못한 병이었다.

첫날 응급실에 왔을 때 제대로 판독만 했어도 닷

새는 고생을 안 했을 것이다. 5일이라는 기간이 얼마나 견디기 힘든지 지옥이 바로 이런 것인가 싶다. 오진하는 바람에 몸이 만신창이가 되어 수술을 받은 것이다. 실력이 없는 건지, 성의가 없는 건지, 대충 판독한 의사가 정말 미웠다. 셋째 딸은 처음 판독한 의사는 엄마를 죽였고 두 번째 판독한 영상실 의사가 엄마를 살렸다고 했다.

하마터면 영락없이 죽을 수도 있었는데 내가 수명이 길어서 재판독할 기회가 주어졌는지도 모른다. 지금까지 살아오면서 건강에는 특혜를 받은 양 무사안일주의로 지냈다. 규칙적인 식사도 안 하고 내 멋대로 운동도 너무 많이 한 것 같다. 자신감이 지나쳐 교만하기까지 해서 벌을 받은 것 같아 반성을 많이 했다. 앞으로는 건강에 신경을 쓰고 안전 불감증으로 살지 말라는 경고장을 받았다고 생각한다.

만일 K대학병원에 믿음이 안 간다고 다른 병원에 갔더라면 시간이 오버되어 죽을 수도 있었다. 꼭 가라고 일러준 내과원장님이 고마웠다. 의사들은 재판독을 하고 나서야 응급으로 수술했다. 오진으로 사람을 고생시켰으면 미안하단 말 한마디는 해야 되지 않을까? 절대로 잘못을 인정하지 않는다.

오진을 한 의사나 세월호가 물에 잠기는 것을 알고도 자기만 살고자 탈출하기에 바빴던 선장과 선원들 역시 안전 불감증이다 못해 배신행위다. 그로 인해 배에 갇힌 승객 300여 명은 선내 대기 방송만 믿고 있다가 그대로 수장되었다. 억울한 쪽은 항상 오진으로 죽어간 환자요, 남의 생명 따위는 아랑곳 않는 선장으로 인한 희생자다.

얼마 전 판교 테크노벨리 환풍구 추락 사고로 희생된 부모와 가족,

동료들은 마지막 작별인사를 하면서 주최 측의 해명에 불만을 표시했다. 방송내용이 제대로 경고하는 것도 아니라고 들렸다며 '위험하니 올라가지 말라'는 표지판을 세우지 않은 것은 전형적인 안전 불감증이라고 지적했다. 주최 측이 공연에만 몰두하지 말고 안전에도 각별히 신경을 썼으면 어이없는 희생자는 없었을 것이다.

억울하지 않으려면 병원 신세를 지지 말아야 하겠는데 한 치 앞을 모르는 게 우리의 인생인 걸. 무책임한 세월호의 선장이나 환자의 CT 판독을 성의 없이 해서 생명을 잃게 하는 의사는 흉기만 들지 않았지 살인자와 무엇이 다른가! 어쩌다 우리 사회가 자기만 알고 남의 목숨 따위엔 아랑곳 않는 안전 불감증이 되었는지 생각할수록 화가 나고 이해할 수가 없다. 인턴의 오진이야 실력이 모자라서 일어날 수도 있다지만 세월호의 사고는 짐승만도 못한 선장의 행동으로 발생했기 때문에 동급으로 비교할 수 없이 더 나쁘다.

사람의 생명을 다루는 의사, 승객을 태운 배의 선장, 판교의 테크노밸리 추락 사고와 경주의 참사 사고의 책임자들은 안전을 제일로 생각해야 할 직종의 사람들이다. 희생까지는 바라지 않지만, 각자의 본분을 충실하게 이행 못할 경우에는 모두 직무유기로 인정해서 중벌로 다스려야 되지 않겠는가! 그래서 억울한 죽음을 당하는 불상사가 되풀이되지 않도록 하는 것이 안전 불감증을 줄이는 길이라고 생각한다.

(2014. 10)

주여 떨지 않게 하옵소서

h와 만나기로 한 약속 전날 전화가 왔다. 변비약을 먹었더니 뱃병이 나서 실수를 할까 봐 연기하자고 한다. 그래서 넉넉잡고 열흘 뒤로 약속날짜를 다시 잡았다.

h는 S초등학교에서 교감으로 같이 근무했다. 그녀가 다른 학교로 전근 후 친한 선생님들과 모임을 가졌다. 어느 날 모임에서 식사를 하는데 h의 수저든 손이 약간 흔들리는 것을 보았다. 그 후 모일 때마다 오른팔의 떨림이 심해졌고 팔뿐만 아니라 상반신을 좌우로 계속 움직이는 것을 보고 떨림이 악화되고 있음을 알았다. 보는 사람들이 불안하지만 조심스러워 말도 못하고 딱하다고 생각했다. 사람들이 50대에서 60대로 또는 70대로 연륜이 높아지니 무릎이, 허리가, 귀가 안 들려 등등으로 빠지는 사람이 많아 이 모임은 해체되었다.

그 후 십오륙 년의 세월이 흘러갔다. 우리 부부가 실버타운에 잠시 살기로 하고 이사하는 날 복도 저만치에서 지팡이를 짚고 모자 쓴 여인이 "반갑습니다. 잘 오셨습니다. 하하하" 하며 다가오는 것이었다. 듣던 목소린데 하며 가까이 보니 아프면서도 명랑했던 h였다. 서로들 깜짝 놀라서 아니 웬일로 이곳으로 오냐 하고, 언제부터 여기 사시느냐고 하며 반가워 어쩔 줄을 몰랐다.

h는 파킨슨병으로 판정받아 세 번이나 수술을 받았다고 한다. 그 옛날 정상이었을 때는 멋진 의상을 즐겨 입고 강남에서 승용차로 출근하던 멋쟁이 여성이었는데 이제 몸이 아파 실버타운에서 만나다니….

나중에 들은 얘기지만 전근 간 학교에서 상황이 좋지 않아 어렵게 근무했다고 한다. 엄청난 스트레스가 쌓여 일찍 퇴직을 했다며 그것이 원인이 되어 파킨슨병이 온 것 같다고 했다.

우리는 맛있는 음식이 있으면 서로 나누어 먹으며 점점 더 친숙해졌다. 2년 후 그녀는 내과 의사인 조카병원 옆으로 이사를 갔다. 음식도 마음대로 해 먹고 식사 시간도 자유로우니 오히려 잘 나온 것 같다고 한다.

남편을 보내고 나도 안암동 집으로 돌아왔다. h는 우리 집에도 왔었고 찾아오는 이도 없어 외롭지만 책을 많이 보며 지낸다. 실버타운에 살 때는 매일 보다가 이사를 하니 가끔 찾아가서 하모니카도 들려주고 노래도 부르면 아주 행복해 했다.

어느 가을날 스카이웨이에 있는 북악 팔각정에서 커피 한잔 마시며 많은 얘기를 나눈 적이 있다. 천진난만하게 말하고 웃는 모습이 티 없이 맑은 어린아이 같다. 이런 착한 사람에게 왜 파킨슨병이 걸렸을까 참 안타까웠다. 그래도 정신은 또렷하여 책 읽고 노래 부르기를 좋아한다.

작년 봄에는 남양주에 있는 전통요리 중식당에 가서 h가 좋아하는 탕수육과 굴 짬뽕을 먹고 다산 정약용 생가를 둘러보았다. 휠체어에 태우고 밀며 두루두루 구경했다.

h를 생각하면 측은하여 가끔 전화로 안부를 물으며 잠깐씩 들러서 웃을 수 있는 시간을 갖곤 했다. 한참을 못 보면 h가 한 선생, 바쁘지? 하며 전화가 온다. 친구가 없는 그가 안쓰러워 가끔 식사도 같이 하고 드라이브도 했다.

열흘 후인 오늘이 h를 만나는 날이다. 마침 「성(聖)금요일」이라 교회에서 예배를 보고 사순절 모노드라마 「녹슨 세 개의 못」이란 제목으로 김석환 목사(극단 모난돌)의 일인극을 뜻있게 보았다. 오늘 예수님이 부활하신 기쁜 날이라 생각하며 h의 집으로 달려갔다. 간병인에 의지하고 나온 h를 차에 태우고 남양주로 향했다. 화창한 날씨에 진달래, 개나리, 벚꽃 등으로 어울린 꽃길을 달리면서 h가 좋아하는 찬송가를 부르며 우리는 마냥 즐거웠다. 갈비구이로 느긋이 점심을 먹고 30층인 구리타워에 올라갔다. 구리 시가지를 한눈에 볼 수 있고 아차산을 병풍으로 왕숙천 맑은 물이 흐르고 남쪽으로는 강 건너 롯데월드와 겹겹이 쌓인 빌딩숲도 보인다. 타워를 빙빙 돌면서 구리 시내를 구경했다.

부엉이를 주제로 한 유화전시회가 열리고 있어서 몇 바퀴를 돌면서 여러 형태의 부엉이 그림을 감상했다. h는 너무 행복해하며 마냥 즐거워한다. 그야말로 일일 관광이었다. 어느덧 종암동 조카병원에 도착하니 조카인 허 원장과 간호사 은옥 양이 너무나 고마워하며 우리를 맞는다. 오늘 행복했던 시간이 오랫동안 머무르면서 그녀의 병이 호전되기를 바라는 마음 간절하다. 돈도 명예도 필요 없고 건강이 제일이라는 것을 또 한 번 느끼며 삶이 힘들지만 이렇게라도 살아 있으니 축복이 아닌가!

"주여, 가련한 그녀의 떨림을 막아주옵소서." (2019. 4. 19)

새 친구

우리는 밤이 깊은 줄도 모르고 이야기를 계속했다. 실버타운에 들어온 지 오래되었는데도 인사도 없이 지내왔던 새 친구와의 대화다. 어느 날 새벽에 갑자기 여인의 애끓는 통곡 소리가 났다. 곧 앞집 여자의 남편이 운명했음을 알게 되었다. 참으로 딱하다 생각하며 날이 가고 달이 갔다. 그는 얼마 동안 두문불출하고 집에서 나오지 않았다. 얼마 만에 밖으로 나와 엘리베이터 앞에서 우연히 앞집 여자를 보게 되었다. 어색하면서도 엷은 미소로 인사를 나누었다. 나이도 비슷하고 인상도 좋으며 어딘지 모르게 일맥상통할 것 같았다.

그 여자는 골프를 치러 자주 나간다. 나 역시 골프를 좋아하니 취미가 같은 것이 반가웠다. 그 후로 우리는 대화도 하고 식사도 하면서 친구가 되었다. 그는 외사촌 남동생(전 대령 출신)이 늘 출근하여 운전도 해주고 집안일도 도와주며 병원에도 모시고 간다. 우리는 식사도 같이하고 탁구, 골프 등 운동도 하고 노래도 부르며 친해졌다. 친구는 가수 빰치게 노래를 잘한다. 자주 만나다 보니 그의 취향과 식성, 지병까지도 알게 되었다.

친구는 혈압과 당뇨가 있어서 가끔 기운이 없다고 하며 우울한 말을 할 때가 있다. 마침 실버타운에서 노래자랑을 한다고 신청하라는 방송이 나왔다. 기분 전환도 할 겸 친구를 추천하여 신청했다. 처음엔 못한다고 하더니 동생과 같이 적극적으로 연습을 하면서 표정이 많이 밝아졌다. 대회 날은 그의 친구들도 와서 출연할 때 입을 옷을 골라주는 등 응원이 대단했다. 또한 추천한 입장에서 은근히 가슴이 뛰었다. 순서가 첫 번째이어서 어떨까 했는데 연습도 많이 했고 월등하게 잘해서 최우수상을 받았다. 친구는 세상에 태어나서 처음으로 무대에 서봤다며 기쁨을 감추지 못했고 추천해 주어 고맙다고 했다. 우리 모두 화기애애하게 맛있는 음식을 먹으며 축하파티를 열었다.

어느 날 친구는 집으로 저녁 초대를 했다. 아주 진수성찬이다. 음식솜씨가 보통이 아님을 알았다. 분위기 좋게 각테일도 만들어 한 잔씩 들고 브라보를 외쳤다. 그 후론 가끔씩 그의 집에 가서 밥을 먹었다. 그런데 식사를 할 때마다 빠지지 않는 것이 있다. 그것은 와인과 소주다. 당뇨가 있는 사람이 식사 때마다 술을 마시는 것은 담배를 피우는 만큼 몸에 나쁘다는 것을 알기 때문에 어느 날 농담처럼

"술 끊어요"라고 말했다. 사실은 나도 술을 잘 마실 수 있지만 친구의 건강을 생각해서 나는 한 잔도 못하는 것으로 말했다. 맞장구쳐서 마시다 보면 나까지 술친구가 될 것 같아서이다.

퇴직 후 배우고 싶은 것이 많아서 찾아다니다 보니 백수가 과로사한다고 할 만큼 바쁘게 지냈다. 우린 취미생활을 같이 하자고 취향을 맞추어 보았다. 친구는 아침마다 수영을 하고 때때로 동생과 스크린골프를 한다. 특히 시간이 날 때면 고스톱모임에 가는 것을 알았다. 고스톱은 나도 할 수 있으니 같이 쳐보자고 했다. 계산도 빨리 못하고 친구에 비하면 어림도 없었다. 친구가 하는 말이, 어디 가서 고스톱 친다고 말도 하지 말란다. 워낙 서투르니까 하는 소리다. 옛날부터 화투는 노름 같아서 안 좋게 생각했었다. 친구가 잘 친다니까 얼마나 잘하나 보고 싶었을 뿐이었다.

이곳 실버타운의 프로그램 중에서 루미큐브(RummiQub)라는 것이 있는데 숫자를 맞추는 게임이다. 네 가지 컬러로 숫자가 새겨진 깍두기 모양의 플라스틱으로 되어 있다. 부딪히는 소리가 맑아서 듣기가 좋다. 룰대로 맞추어, 가지고 있는 숫자를 빨리 모두 내놓는 사람이 이기는 것이다. 과정이 재미있고 머리를 써야 하기 때문에 치매 예방에도 좋을 것 같았다. 화투보다는 훨씬 고상하다고 생각해서 친구에게 권했으나 별로 흥미가 없는 것 같다.

내가 하는 체조, 하모니카, 글씨 등 심지어는 수필 창작반에도 같이 가자고 권해 봤으나 골프 외엔 취미가 맞지 않았다. 친구는 웃으면서 당신은 착한 어린이, 모범 어린이고 나는 날라리야 라고 한다. 훌륭한 친구를 만나서 감사할 뿐이란다. 이제는 내 동창 골프모임에도 동행한다. 골프를 잘 치기 때문에 모두 호감을 가지고 갈 때마다 환영을 받았다.

가끔씩 밤새워 이야기를 하다 보면 6·25 때 얘기도 나왔다. 인민군에게 쫓겨 산으로 도망가던 중 부모님이 총에 맞아 쓰러진 것을 보았지만, 뒤이어 오는 사람들에게 밀리고 총격을 피하면서 산으로 올라갔단다. 나중에 다시 가보니 시신도 찾을 수 없었단다. 10살에 고아가 되었다고 했다. 친척집에서 심부름을 하며 자라느라 학교도 많이 못 다녔단다. 친척 어르신의 권유로 살아갈 길을 택한 것이 미용기술을 배운 것이다. 종로에서 미용실을 차려 여러 명의 종업원도 두고 운영했으며 미용협회에서도 알아주는 미용사로서 성공한 셈이었다.

멋있는 해군 장교와 알게 되어 결혼하면서 미용실을 접게 되었단다. 딸 다섯, 아들 하나 육 남매를 키우며 잘살아왔다. 남편은 술을 좋아해서 많이 마셨단다. 문제는 집에서도 부인에게 술을 권하여 대적하다 보니 주량만 늘었다고 했다. 당뇨로 간이 나빠져 복수가 찼는데도 남편은 여전히 술을 마셨단다. 결국은 세상을 뜨면서 부인에게 남겨준 것은 술 마시는 것과 빌딩 몇 개인데 상속세가 많이 나와서 고민이라고 했다. 날이 새는 줄도 모르고 이야기가 길어져 만리장성을 쌓을 때가 많았다. 친구란 이렇게 부담 없이 속을 털어놓을 수도 있고 걱정거리도 같이 고민해주는 사람이 아닐까. 친구가 되기까지는 서먹서먹하고 어떤 사람일까 하는 의혹이 있었는데 우리는 동병상련(同病相憐)으로 더욱 친하게 되었다 해도 과언이 아니다.

내가 위급할 때 달려와 주는 친구가 한 명이라도 있다면 성공했다고 한다. 나에겐 친구가 많다. 그런데 과연 그런 친구가 있었는가를 생각해 보았다. 지난번 입원했을 때, 제일 먼저 달려오고 하루도 건너지 않고 병실에 찾아온 친구가 있다. 퇴원 후에도 환자의 입맛에 맞을만한 음식을 만들어 주며 수술 후에 더 조심해야 된다고 엄마처럼 걱정해주던 친구가 있었으니 나야말로 성공한 인생이 아닌가 싶다.

또, 혼자 있다고 전화를 안 받으면 무슨 일이 있나 걱정된다며 나를 도와주는 기사의 전화번호까지 입력해서 염려해주는 친구가 있다. 언니 같고 매니저같이 은근히 도움을 주는 친구가 있어서 마음이 든든하다. 나는 복이 참 많은 사람이다. 이미 좋은 친구를 가졌음에도 불구하고 또 새로운 친구를 사귀게 되었으니 욕심이 과한 것은 아닌지. 앞집의 새 친구는 건강하고 활기차게 봉사하는 모습이 보기 좋고 부럽다며 나를 무척 좋아한다. 나 또한 새 친구의 건강에 관심을 가지고 지켜주고 싶다. 운동과 식이요법에 잔소리 같지만 자꾸 지적해 준다.

실버타운에서 아는 사람은 많지만 속마음을 줄 사람은 없었다. 이제 진정한 친구를 얻게 되어 너무 좋다. 그의 이름은 조혜림, 혜림이는 한 번 사귄 친구는 영원하다고 강조했다. 우린 처지가 비슷하기에 서로 이해하고 격려하면서 살아갈 것이다.

새 친구 혜림아, 우리 언제까지나 건강하고 즐겁게 살자! 속으로 다짐해 본다. 오늘도 노블레스타워의 밤은 우리의 새 우정처럼 깊어가고 있다.

(2015. 10)

고속도로

죽음의 문턱까지 갔던 일이 닷새밖에 지나지 않았는데 까마득한 옛날 같이 느끼면서 살아났다고 생각하니 엉뚱한 생각들이 머릿속을 휘젓고 지나갔다.

문병 온 친구들은 고질병이 아니고 아는 병이니 식사 잘하고 빨리 쾌유되기를 바란다고 희망적인 덕담으로 안심시키기도 하고 웃기기도 하였다. 웃을 때는 배가 흔들려 수술 부위가 터질까 봐 참느라고 애쓰기도 했다. 한 친구는 옛날 시골에서 수술하는 장면을 몰래 숨어서 문틈으로 보게 되었단다. 그런데 배를 가르고 장기들을 꺼내놓고 하나씩 오물을 씻고 닦아서 다시 배 속으로 집어넣는 것을 보았다고 했다. 그러면서 나도 그렇게 했을 거라고 말했다. 장에 붙어 있는 지방도 불순물도 다 제거한 후 제자리에 넣는 것을 보았다고 하니 놀라웠다. 또 어떤 친구는 배를 가르면 장기들이 모두 불쑥불쑥 튀어나와 수술하는 의사 옆에서 그것들을 누르고 집어넣는 의사가 따로 있다고 했다. 생각해 보니 배 속에 갇혀 있다가 시원해서 고개를 들고 배 밖으로 나올 수 있다고도 생각했다.

그런데 개구리나 쥐들을 해부하면서 몸속 상태를 샅샅이 살펴볼 수 있듯이 사람도 배를 열고 보면 마찬가지가 아닐까 하는 느낌이 들었다. 다음 날 수술한 의사가 회진하러 왔다. 어제 친구들이 말한 것이 생각나서 "선생님, 이왕 배를 갈랐는데 장에 붙어 있는 지방 좀 제거해 주셨으면 좋았을 텐데요." 하고 말씀드렸더니 "마취시간이 한정돼 있는데 배를 갈랐다고 간도 보고 위도 보고 장기를 모두 볼 시간이 어디 있어요? 수술 끝내기도 바쁜데." 하면서 여자는 피하에 지방이 끼고 남자는 장에 낀다고 했다.

수술 부위를 보니 한 뼘은 충분히 되는 것 같았다. 다음 날 회진 때 "선생님, 어쩌자고 그렇게도 많이 배를 찢었나요?" 하고 물었더니 "그 정도도 안 가르고 어떻게 배 속을 볼 수 있습니까? 하고 당연하다는 듯이 말해주었다. 하긴 장이 유착되었으니 그것을 떼려면 그만큼은 갈라야 하겠지….

혼자 앉고 눕고 화장실도 혼자 다니게 되니 빨리 호전되는 것 같았다. 그러면서 눈앞에는 골프채가 왔다 갔다 한다. 또 다음 날 회진 때 "선생님, 수술 후 한 달 되는 10월 13일에 동창 골프대회가 있는데 골프를 쳐도 됩니까?" 의사선생님께선 "아! 그러면 창자가 모두 배 밖으로 쏟아집니다."라고 말씀하셔서 문병 온 친구들 모두가 한바탕 웃음바다가 되었다. 엊그제까지 사경을 헤매던 내가 왜 이렇게 우문(愚問)을 던져서 의사선생님을 곤란하게 하는지. 아마도 꼭 죽을 것 같았었는데 다시 소생한 것에 대해 내면에서부터 우러나오는 기쁨이 아니었을까? 갑자기 희망이 보이는 것 같았다. 할 일들이 두서없이 떠올랐다.

한편 목욕탕에서 배를 가른 자국이 있는 사람을 보면 얼마나 아팠을까? 하고 딱하게 여겼던 내가 역지사지가 되었으니, 나라고 예외는 아니구나! 하며 기분이 참 묘했다.

수술 부위가 아물면서 단단해지고 빨갛게 된 줄이 북쪽에서 남쪽으로 이어진 영락없는 고속도로 같았다. 어쩌다 배 위에 고속도로까지 만들며 살아야 하는지 마음이 언짢기도 했다.

내 나이 30대 중반에 친구들과 재미로 역학으로 푸는 점집에 갔다가 듣고 온 역술가의 말이 생각났다. "골목길을 다 빠져나왔으니 이제부터는 고속도로로 달리기만 하면 됩니다." 그 후로 나에게는 고속도로라는 별명이 붙었다. 그래서인지 지나온 날을 더듬어 보니, 가정형편이 꾸준히 좋아지고 남편의 사업도 번창해져 행복하게 살아온 것이 그야말로 고속도로를 달려오듯 시원한 나의 삶이 아니었나? 꼬불꼬불한 골목길이 아니고 시원하게 뚫린 고속도로를 달려온 기분이다.

그런데 오늘날 더 이상 고속도로를 달릴 수 없는 나이가 되니 아예 내 몸에 영원한 고속도로를 만들게 되지 않았는가. 언제나 보고 달려보

라는 이정표를 만들어 준 것 같았다. 몸에 튼튼하게 새겨진 고속도로를 보면서 좌절하지 말라는 암시와 교훈을 받은 것도 같다. 지금까지 해보지 않은 꿈같은 일들이 마음속에서 맴을 돈다. 불행을 행복으로 바꾸는 것도 잠깐이고 마음먹기에 달렸다는 생각이 들었다. 몸에 만들어진 고속도로를 없애려고 애를 쓴다면 즉 돌이킬 수 없는 것을 억지로 돌리려고 한다면 스트레스만 더 커질 뿐이라고 생각했다. 오히려 그것을 껴안고 사랑하며 사는 것이 현명하다고 판단되었다. 죽음으로부터 해방되어 정말로 감사한 마음을 어떻게 표현할까! 구름 한 점 없는 호수같이 파란 하늘을 올려다보니 마음속에 응어리가 풀려지는 듯 한결 가볍다. 몸에 고속도로가 생겼다고 지금에 와서 무슨 하자라고 생각되겠는가. 모든 것은 마음먹기에 달렸거늘….

골목길보다 역시 고속도로는 누구에게나 희망을 주는 '하이웨이'다. 언제 틈을 내서 친구들과 멋지게 달려보련다.

(2014. 11)

엄마와 함께한 길

오늘도 넓은 실버타운 옥상의 녹색 카펫 위를 열심히 걷는다. 요즘은 아침저녁으로 찬바람이 스며들어 겨울이 문턱에 왔음을 느꼈다. 장유착 수술 후 삼십 분씩 매일 걸어야 회복이 빠르다는 의사의 권유에 따라 꾸준히 걷는다. 걷노라면 언제나 지나온 과거를 회상하며 걸을 때가 많다.

6·25전쟁 때 이북에서 방공호 압사 사고로 이백여 명 중 혼자 살아나신 어머니의 간호는 내 몫이었다. 그 집에 산송장이 있다고 할 정도로 꼼짝 못하셨다. 물수건으로 닦아드리고 이삭 주워온 콩으로 콩죽을 쑤어 입에 넣어드렸다. 산에서 넓은 나뭇잎을 따다가 부채질을 하여 파리와 모기를 쫓아내기도 했다.

엄마가 겨우 지팡이를 짚고 절룩거리며 걸으실 때였다. 썰물을 이용해 남한으로 넘어오면서 한 손엔 지팡이에 의지하고 다른 손은 내 손을 꼭 잡았다. 갯벌이 미끄러워 수십 번 넘어지며 구사일생으로 남한의 땅을 밟았다.

먼저 월남한 아버지께서는 청주에 집을 마련하셨고 우리 남매들을

나이에 맞춰 학교에 입학시켰다. 3년 전쟁으로 총탄을 피하며 살았기에 한글도 터득하지 못한 내가 제일 문제였다. 4학년으로 입학하여 한글과 구구단 깨우치기에 바빴다. 아버지는 한글과 구구단을 엄마는 주산과 한자를 가르쳐 주셨다.

국어시험에 한자가 나왔는데 아는 글자였지만 쓰는 방법을 몰라 답을 못 쓴 것이 억울해서 엉엉 울기도 했다. 엄마는 다음에 틀리지 않으면 된다고 다정하게 위로해 주시면서 공부를 도와주셨다. 그렇게 세월은 흘러갔다.

서울에서 사범학생 시절이다. 어려운 형편이라 엄마와 나는 하교 후 장사를 한다고 보따리를 들고 늦게 우이동까지 걸어서 갔다. 볼일을 보고 돌아오는데 날이 저물어 어두워지고 있었다. 사방 천지에 달빛만 하얗게 쌓인 눈길을 비춰준다. 그 시절 우이동은 아주 시골 같았다. 버스도 없었고 비포장도로에 길도 좁았다. 인적 없는 길 양쪽으로는 나무가 무성한 산이다. 산짐승의 우는 소리가 들리며 금방이라도 나올 것 같아 아주 무서웠다. 엄마와 손을 꼭 잡고 서로 의지하며 오는데 통행금지 시간이 다가왔다. 야경꾼한테 걸리면 어쩌나 걱정하다가 파출소에 미리 찾아가서 사정 이야기를 했다. 파출소에서는 교복 칼라에 달린 배지를 보고 "서울사범학생이네." 하며 기특하다는 듯이 손등에 도장을 찍어주고 보내 주었다. 집에 도착하면 새벽 한 시가 넘었다. 엄마는 이렇게 고달픈 생활을 하면서도 한 번도 힘든 내색을 하지 않으셨다.

내가 햇병아리 교사 시절에 엄마는 청천병력과 같은 위암 선고를 받았다. 그때 오빠는 일반 외과 레지던트로 근무했는데 집안에 의사가 있으면서 몰랐다고 집에서나 친척들에게 곤욕을 당했다. 그 시절엔 암 수술하면 얼마 못 가서 사망하는 것으로 알았다. 딸들은 한방으로 치료하자 하고 외아들인 오빠는 빨리 수술해야 한다고 큰소리를 냈다. "누이들이 뭘 알아! 시간이 없단 말이야" 하며 호통을 쳐서 수술을 했다. 위를 십 분의 팔을 절단해 3, 4세의 작은 위라고 생각하라며 6개월이 고비란다. 그 시절엔 간병인도 없어서 우리 반 아이들한테는 미안하지만 각 반으로 분반을 시키고 한 달 휴가를 내어 엄마 간병을 했다. 퇴원 후에는 미음부터 시작하여 집안 식구들이 정성을 다해 보살펴드린 덕분에 여러 해를 거쳐 위도 자라고 정상적으로 되셨다.

엄마의 연세가 점점 많아지셨지만 94세까지는 노인정에 손수 걸어다니셨다. 목욕을 좋아하시어 목욕탕에 모시고 가보면 좋았던 몸은 어디로 가고 뼈와 가죽만 남았다. 믿음직스럽던 엄마의 손등엔 혈관이 튀어나오고 초등학생처럼 작아진 손과 발을 보면 매우 안쓰러워했다. 점점 보행도 어렵게 되었다. 아버지, 외삼촌, 여동생, 친지들의 생전 모습이 나오는 엄마 고희잔치 때 찍은 비디오 보는 것을 낙으로 삼고 집에만 계셨다.

2010년 가을, 단풍이 한창일 때 휠체어에 태우고 4·19탑 광장에 가서 단풍 구경을 시켜드렸다. 그것이 바깥나들이로는 마지막이었다. 87세의 일기로 먼저 가신 아버지와 사별 후 14년을 홀로 계셨다. 혹한도 꽃샘추위도 물러간 따뜻한 봄날, 엄마는 96세의 일기로 하늘나라로 가셨다.

"엄마, 나 왔어." 하며 엄마의 손을 잡곤 했었는데 이제는 어디 가서 엄마라고 부를까. 중환자실에서 마지막 엄마의 따뜻한 손이 지금도 느껴지는 것 같은데…. 항상 웃는 낯으로 긍정적인 말씀만 하시고 자식들을 위해선 무엇이든 마다않으시던 엄마의 모습이 너무 그립고 보고 싶었다.

북에서 반동분자로 몰려 무서웠던 소녀시절, 죽을 고비를 몇 번씩 넘기면서 살아온 나날들을 생각하며 마음속에 자서전을 써본다. 특히 휘영청 밝은 달밤에 엄마 손을 꼭 잡고 걸었던 우이동 길을 잊을 수가 없다. 그것이 이제는 그리움으로 회상하며 오늘도 묵묵히 걷는다. 손에서 휴대폰이 울린다. 아! 엄마 전화였으면….

(2014. 11)

선생님, 저 수제자예요

"선생님, 저 수제자예요. 저 잊으셨어요?"

고운 목소리가 전화 속에서 또렷하게 들려왔다. 수제자? 과거의 제자들 속에서 생각하느라 어리둥절한데 "저 수제자예요." 다시 들려왔다.

"아! 예, 안녕하세요?" 자칭 수제자라고 만나기만 하면 의기양양하게 말씀하시던 92세의 김영실 할머니가 생각났다.

"지난번에도 전화 드렸더니 안 받으셔서 끊었는데 오늘은 댁에 계시는가 봐요."

"예, 이제 나가려고 준비합니다. 그동안 잘 지내셨어요?"

"선생님이 나가셔서 너무 재미없어요. 누가 즐겁게 해주는 사람도 없고요. 선생님이 그리워서 주고 가신 생강차에 적혀 있는 전화번호를 보고 전화합니다. 너무 보고 싶어요."

처음 노블레스 실버타운에 입주했을 때 딸 내외와 건물 한 바퀴를 돌아보다가 천주교실에서 들려오는 피아노 소리에 들어가 보았다. 할머니께서 애국가 4부를 연습하고 있다가 우리를 보고 일어나셨다.

"아! 방해가 되었나 봐요."

"괜찮습니다, 어서 오십시오."라고 말씀을 아주 잘하신다.

"어려운 애국가를 연습하시네요."라고 했더니

"대한민국 사람이면 그래도 애국가는 외어서 칠 수 있어야겠다고 생각해서 연습을 하지요."

정말 애국심이 넘치는 할머니라고 생각했다. 작은 체형에 얼굴엔 주름이 자글자글한 할머니다. 발음도 분명하고 말이 빠른 편이다.

"이곳엔 혼자 들어오셨나요?"

"네, 남편은 강남에 살고 저 혼자만 들어왔어요. 우리는 취향이 달라서 취향대로 살아요."

외모만 할머니지 생각과 용어의 수준은 젊은이 못지않고 이해도 빠르다. 일본에서 오래 살았고 중국에서도 몇 년 살면서 중국어, 일본어, 영어도 한다며 4개 국어를 한다고 덧붙였다.

그 후에 또 천주교실 옆을 지나는데 소프라노 노랫소리가 흘러나와 창 너머로 살짝 들여다보니 나비넥타이를 한 멋진 남자로부터 성악 레슨을 받고 있었다. 정지용의 「향수」가 아름답게 흘러나온다. 그 연세에 꾀꼬리 같은 목소리가 어디서 나오는지…, 내가 체조봉사로 가르치던 시간에는 제일 앞

줄에 서서 땀을 닦으며 열심히 했다. 그때부터 자칭 수제자라고 하면서 나를 무척 따랐다.

"프로그램 중에서 선생님이 가르치는 동요 부르기와 체조프로가 제일 좋아요. 선생님은 이 실버타운의 보물입니다. 재미있는 프로를 봉사해 주셔서 정말 행복해요."라고 하신다. 틀려도 웃고 잘해도 웃는다. 행복해하는 할머니들을 볼 때 더욱 보람을 느꼈다. 이렇게 3년을 살다 보니 할머니들과 정도 많이 들었다.

실버타운에서 마지막 날 짐을 가지고 나오는데 할머니들은 휴지며, 과일이며 여러 가지 간식거리를 챙겨 주셨다. 눈물겨운 선물들이다. 할머니들은 못내 아쉬워하면서 집을 정리하고 다시 오라며 손을 잡고 부탁하신다. 로비에서 김영실 할머니가 작별인사를 한다고 기다리고 계셨다. "선생님, 저는 노래로 선물을 드릴게요."라며 「석별의 정」을 부르신다.

떠나는 그 마음도 보내는 이 마음도 서로가 하고 싶은 말 다할 수는 없겠지만 그래도 꼭 한마디 남기고 싶은 그 말은 너만을 사랑했노라 진정코 사랑했노라….

내 손을 잡고 부르시는 할머니의 눈에는 눈물이 그렁그렁하다. 너무나 가슴이 벅차왔다. 그 어떤 선물보다 할머니의 석별 노래가 나의 심금을 울렸다. 이사 와서도 보고 싶다고 할머니들로부터 전화를 많이 받았다. 이사 온 지 일 년이 되어 간다. 실버타운에서 봉사하던 것도 아물아물 멀어져 갔다. 그러던 차에 김영실 할머니의 전화를 받았던 것이다.

"선생님은 멋쟁이고, 기쁨을 주셨어요. 선생님이 다시 오시면 얼마나 좋을까요." 아기처럼 응석도 부리신다.

"김영실 할머니, 전화 주셔서 고맙습니다. 부디 건강하셔서 120세는 사셔야 합니다."라며 전화를 끊었다. 가슴이 찡하다. 역시 한 번 교사는 영원한 교사라는 생각이 들었다. 실버타운에서 이별의 큰 아픔도 겪었지만, 봉사를 하면서 정작 위로를 받고 행복한 사람은 바로 나였다. 외롭고 쓸쓸한 늪 속에서 헤어 나올 수가 있었고 웃음도 다시 찾을 수 있었다. 과연 봉사는 누구를 위한 것일까를 가끔 생각해 본다. 그들로부터 내가 받은 위로가 몇 배 더 클지도 모른다. 함께 생활하면서 아름다웠던 추억들을 마음속에 차분히 담아 두었다

92세의 할머니 수제자를 두었다는 기쁨은 잊지 못할 것이다. '실버타운의 할머님들, 오래오래 건강하고 행복하세요.'라고 몇 번이고 되뇌어 본다.

(2016. 7. 30)

그때 그 시절

80년부터 마이카시대라 그런지 자가용을 가진 사람들이 점점 많아졌다. 교직에 40여 년간 근무하면서 이용한 교통기관은 자전거, 버스, 전철, 때로는 택시 등이다. 교직원들도 승용차로 출근하는 사람들이 늘어나 그런 동료들을 보며 부러워하기도 한 시절이었다.

세월이 흘러 아이들은 모두 출가를 하고 나 역시 정년퇴직을 하게 되었다. 취미 생활도 하고 운동도 하며 그렇게 지내던 어느 날 헬스장에서 집에 오려니 허리가 아프고 몸이 힘들어 옴을 느꼈다. 척추협착증도 있고 하여 예전 같지가 않았다. 아! 이럴 때 나에게도 승용차가 있었으면 하고 곰곰이 생각해 보았다. 이 나이가 되도록 내 차 하나가 없다니…, 결혼한 아이들은 모두 내외간에 차를 가지고 편리하게 산다. 그렇다고 어느 자식한테 엄마 좀 태워다 달라고 말할 수는 없는 노릇이다. 나름대로 직장과 자녀 교육에 매일 바쁘다는 소리만 듣고 지내는 형편이니…, 슬그머니 화가 치밀어오며 갑자기 차를 소유하고 싶은 생각이 불같이 솟구쳤다. 그래서 우선 운전능력을 키우기 위해 다음 날 자동차학원에 연수차 등록을 했다. 면허증은 86년 학교에서 단체로 취

득했기 때문에 그동안 장롱면허로 숨어 있다.

운전 연수 시작한 지 5일 정도 되었을 때, 연수기사가 "나는 이제 죽었구나!"라고 생각했다고 한다. 왜 그러냐고 했더니 이렇게 연세가 많은 어르신을 연수시키려면 얼마나 힘들까 하고 걱정했단다. 그래서 나이가 많아 미안하다고 하니 "아닙니다. 젊은 사람보다 잘하십니다."라고 한다.

15일간 연수를 끝내고 남편에게 나의 심정을 얘기하며 차가 필요하다고 했더니 쾌히 승낙하여 AS7을 구입해 주었다. 그때의 기쁨은 말할 수 없었고 예전에 자전거로 학교에 출근할 때와는 비교도 할 수 없이 좋았다. 초보운전이지만 친구를 태우고 골프장에도 조심스럽게 다녀왔고, 헬스 끝나고 돌아올 때는 음악을 들으며 나 혼자만의 즐거운 한때를 가지곤 했다.

그 후 2년쯤 지나서 운전에 익숙해지려는 때에 뜻하지 않은 남편의 사고로 내 차는 팔게 되고, 아들이 승용차와 기사를 나에게 붙여주었다. 사실 기사를 두지 말고 중단 없이 운전했다면 지금쯤은 베스트 드라이버가 되지 않았을까? 몇 년 후, 기사도 나가고 대중교통을 이용하다 보니 다시 운전하고 싶은 충동이 생겼다. 예전에 운전 시작하던 때보다 십 년이 더 지났으니 자신감도, 순발력도 많이 감소되었을 것이다. 그래도 다시 한번 도전하고 싶은 마음은 어쩔 수 없었다.

갑자기 몇 년 전 실버타운에서 만났던 92세의 김영실 할머니가 생각났다. 그분은 피아노에 앉아 애국가 4부를 열심히 연습하고 계셔서 "할머니, 어떻게 그 어려운 곡을 치세요?" 하고 여쭈었더니 "대한민국 국민이면 애국가는 외어서 칠 줄 알아야지" 하셔서 잠시 지난날 초등학교 근무 시절이 떠오른다.

50여 년 전 초등학교에서는 운동장 조회 때 풍금에 마이크를 대고 반주에 맞추어 애국가를 불렀다. 학생 때 애국가, 행진곡, 의식 곡, 등을 열심히 연습한 결과 일선 학교에 나와서 조회, 입학식, 졸업식, 기념식을 할 때마다 반주를 전담했던 시절이 주마등처럼 지나간다. 참 행복했던 시간들이었다.

지금도 가끔 김영실 할머니를 생각하며 애국가를 쳐본다. 그 할머니야말로 진정한 애국자 같고 열심히 하는 모습이 존경스러웠다. 나이는 숫자에 불과하다는 말이 실감나지 않을 수 없었다. 노력하면 무엇이든 할 수 있다는 용기를 주는 것 같기도 하고…, 쉽지 않은 애국가 반주를 도전해보는 할머니와 잊어버린 운전에 재도전하려는 나의 행동은 같은 맥락이 아닐까? 다만 십 년 젊었을 때도 나이가 많아 연수시키기 어렵겠다고 걱정했던 연수기사가 생각나며 이제 다시 한다면 또 어떤 말을 들을지 심히 궁금하다.

내가 꼭 운전을 해야겠다고 결심한 것은 편하고 즐거워서만 하는 것이 아니라 나이 더 들어서 걷기 힘들게 되어도 운전만 한다면 얼마든지 다닐 수 있지 않을까 하는 이유이다. 이웃에 80대 중반 되시는 분이 잘 걷지는 못하셔도 운전을 할 수 있으니 병원, 약국, 모임 등 빠지지 않고 다니시는 걸 보면서 부럽기도 하고 운전은 나이가 들수록 필수적이라는 것을 알게 되었다. 요즘 전기차도 보이고 좀 더 있으면 수소차 등 무공해차가 나온다니 기대해 볼 만하다.

어떤 분은 공해와 복잡한 도로를 생각하여 운전은 할 생각도 없고 해서 한 번도 해본 일이 없다고 한다. 운전면허증을 가지고 있으니 정기적으로 검사를 받으라는 통지서가 와서 귀찮고 80세가 넘으니 정신이 깜박거려 관계기관에 운전면허증을 반납했다고 한다. 기관에서 지역 상품권과 선물을 보내주어 고맙게 생각한다는 글을 책에서 읽었다. 그 분은 나 하나라도 매연을 줄이겠다는 훌륭한 생각이겠지만 사람마다 가치관이 다르기 때문에 살아가는 방법도 모양새도 모두 다르다고 생각한다.

남에게 의지하지 않고 내 자신이 할 수 있다는 것이 얼마나 기쁜 일인지 체험해 보지 않고서는 잘 모른다. 삼십 대에 수유리 단독주택에 살면서 자전거로 출퇴근할 때에도 무척 행복했었다. 토요일이면 수업 끝내고 선생님들과 자전거 하이킹도 하며 즐거웠던 추억이 떠올라 웃음이 나온다.

요즘은 마이카시대가 된 지 오래되어(40년) 집은 없어도 승용차는 거의 소유하고 있다. 앞으로 얼마 동안 운전할지는 모르지만, 현재로서는 너무나 하고 싶은 충동을 느낀다. 아들은 절대로 운전대 잡지 말라고 신신당부하나 딸들은 백세시대인 요즘에 90세 넘은 할머니들도 운전하여 수영장에도 다니며 건강하게 사는데 엄마가 왜 못하느냐고 적극적으로 밀어준다. 자신은 없지만 다시 연수해 보고 결정하자며 고민하다가 후회하지 않으려고 학원에 등록했다. 살아오면서 기쁘고 즐거웠던 일도 많았지만 자전거를 타고 승용차를 운전하던 그때 그 시절의 너무나 행복했던 추억이 등을 떠민 덕택이다.

(2020. 5. 10)

기적이 따로 없다

얼마 전 두 곳의 결혼식에 참석하고 집에 왔는데 좀 무리했는지 갑자기 허리, 다리가 아파왔다. 자고 나면 낫겠지 하고 대수롭지 않게 생각했는데 아침에 일어나니 엉덩이와 종아리가 결려서 걷지를 못하겠다. 5분도 못 걷고 앉아야만 했다.

요즘 바쁘다는 핑계로 운동을 못해서 그런가 하고 스포츠센터에 갔다. 운동을 하는 동안은 아무렇지도 않고 기분도 좋다가 집으로 걸어올 때는 또 아픈 증세가 나타난다. 점점 더 심해졌다. 친구 최 선생은 그렇게 아프면서 어찌 지내겠느냐며 자기가 다니는 병원에 가보자고 몇 번이나 권했으나 운동으로 고쳐보겠다고 고집을 부렸다. 그렇게 2주를 버티다가 더 이상 견딜 수가 없어서 최 선생이 안내하는 병원으로 갔다.

그 병원은 양, 한방을 통합해서 진료한다. 침과 주사를 놔주고 견인, 초음파, 적외선 등 여러 가지로 치료를 한다. 그런데 엑스레이 시설은 없고 환자가 말하는 증세만 듣고 병명을 말해준다. 너무 아파서 걷지를 못한다고 했더니 "척추 협착입니다."라고 한다. 그리고 엎드려 놓고 엉덩이에 침을 놓을 때 다리까지 찡하는 신호가 가면 빨리 말하라고 하면서 침을 꽂는다. 침이 들어가는 순간 시큰하며 상당히 아프게 신호가 왔다. 빨리 말한다는 게 "오케이"라고 했더니 "영어를 잘하십니다."라고 웃으며 말한다. 침을 다 놓은 후 "협착이 아주 심합니다. 그런데 빨리 낫겠습니다."라고 한다. 의사의 빨리 낫겠다는 한마디가 그렇게 고맙고 희망을 줄 수가 없었다. 우리 막내아들 정도로 보이는 젊은 의사는 여유 있게 유머도 섞어가며 침을 놓는다. 그다음부터는 종아리까지 신호가 가면 오케이, 안 가면 보통이라고 하다가 나중에는 "오케이, 노케이"로 대답했다. 의사도 재미있는지 "오케이? 노케이?" 하며 먼저 묻는다. 침을 맞을 때 겁먹지 않게 도와주려는 배려인 것 같았다.

의사가 침을 꽂고 나간 후 무슨 침이 그렇게 아프냐고 간호사에게 물어보니 "장침이라 아파요."라고 한다. 침을 뺄 때 보여주는데 내 손가락으로 한 뼘이나 되어 보인다. 그 침이 엉덩이 속으로 얼마나 들어갔을까 궁금했으나 볼 수가 없었다.

처음 침을 맞고 하룻밤 자고 일어나니 기분도 상쾌하고 걷는데 아무 불편이 없었다. 언제 고통이 있었던가 할 정도로 잘 걸었다. 그야말로 기적이 일어난 것 같았다. 쉽게 못 걸을 줄 알았는데 이렇게 빨리 고치다니 침을 준 의사는 『동의보감』의 저자 '허준'같이 유능한 의사처럼 느껴졌다. 그다음 날 고맙다고 인사를 했더니 완전히 난 것이 아니기 때문에 계속 침을 맞아야 한다고 해서 지금까지 침을 맞으러 다닌다. 그런데 좀 오래 걸으면 또 아픈 증상이 나와 약간 실망했지만 일단 5분도 못 걷던 사람을 좀 더 걷게 만들어 주었으니 많이 좋아진 셈이다. 약 처방도 없고 침 한 방에 이만큼 고쳐진다는 게 정말 신기했다. 13

년 전에 척추 4, 5번의 협착으로 오랫동안 고생했을 때에도 침과 물리 치료 등 여러 가지 치료를 받아 정상적으로 되어 지금까지 운동도 하며 활발하게 지내왔다. 언제나 건강할 줄 알았던 몸이 이렇게 갑자기 또 고장이 나리라고는 생각조차 못했다. 이제 나이가 네 몸도 노화가 되었으니 조심하라고 일러주는 것 같았다.

'기적은 하늘을 날거나 바다 위를 걷는 것이 아니라, 땅에서 걸어 다니는 것이다.'라는 중국 속담이 있다. 예전에는 땅 위를 걷는 것은 당연한 것이지 그게 무슨 기적이냐고 웃어 버렸던 기억이 난다. 그런데 요즘 통증이 와서 잘 걷지를 못하니 역시 실감이 났다.

아침에 자리에서 일어나고, 양손으로 음식을 만들며, 친구들과 즐겁게 대화를 나눌 수 있는 일 등은 지극히 일상적인 일이나 생각에 따라서는 모두가 기적이 될 수 있다. 몸이 건강하면 이미 기적이 다 일어난 셈이니 얼마나 행복할까마는 그때는 고맙고, 감사할 줄도 모르고 지내온 것이다.

의사는 꾸준히 침을 맞으면 낫는다고 안심하라고 하지만 언제까지 "오케이, 노케이"를 하며 침을 맞아야 하는 건지 고민이 된다. 그러나 빨리 낫겠다는 의사의 말을 긍정적으로 믿으며 희망을 가지고 열심히 다니다 보니 많이 좋아졌다. 몸이 아파 쩔쩔맬 때 병원으로 이끌어준 최 선생은 본인 몸도 불편한데 친구의 아픔을 더 걱정해 준다. 그런 친구가 있어서 참 다행이고 행복하다.

기적이 따로 없다. 이제 최 선생도 나도 짱짱하게 걸을 수 있으니 이것이 바로 기적이 아닐까. (2019. 11. 20)

가슴으로 담아내는 진솔한 고백

- 수필집 『청석두리 이야기』을 중심으로

오 경 자
(국제PEN한국본부 부이사장 / 한국수필문학가협회장)

사람의 행불행은 외부의 조건이나 남이 보기에 따라서 결정되는 것이 아니라 자신의 생각에 달려 있다는 것은 어제오늘의 말이 아니다. 자신의 운명을, 삶을 자기 자신의 선택에 따라 밝게도, 살 수 있고 어둡게도 만들 수 있다는 얘기이다. 수필은 자신의 체험을 바탕으로 쓰는 글이기에 어느 문학 작품보다도 자신의 진면목을 고스란히 드러내는 속성을 지니고 있는 글이다.

매사를 보는 시각에 따라 똑같은 일에 대한 해석이 다르게 되고 그 기준에 따라 행복할 수도 있고 불행할 수도 있다. 수필가는 그 결과를 놓고 자신의 생각을 펼쳐가는 사람이라고 할 수도 있다. 그 속에 예화가 들어가고 그런 것들을 통해 자신이 독자에게 꼭 전하고 싶은 말을 관조를 거쳐서 주제로 형상화 시킨다. 이 주제에서 독자는 공감하기도 하고 도리질을 칠 수도 있다.

수필가 한혜정은 매사를 긍정적으로 보는 작가이다. 그래서 그는 항상 만족하고 감사하며 산다. 그 이야기를 여기 한 권의 책으로 엮어냈다. 수술을 하고도 왜 하필 나만 이런 지경에 이르렀나가 아니라 이렇게 치료받게 돼서 감사하다는 것이 주제이다. 그는 기독교인이지만 수선스럽게 하나님께 그 영광을 돌린다는 말을 구구절절이 쓰고 있지 않으면서 그 행간에 감사의 기도가 녹아 있는 글을 썼다. 그것이 수필의 아취이다.

> 성과금을 받게 된 공적을 발표하는데 나에게는 가장 '신바람 나는 교사' 라고 발표했다. 예술제가 있었던 해였는데 4종목의 프로를 가르쳐서 참가시킨 공적이었다. (중략) 항상 음악과 함께 하는 프로였기에 가능했다. 즐거운 음악을 들으며 가르치다 보면 보람도 느끼면서 피곤도 모르고 오로지 목표달성을 위해서 나아갈 뿐이었다. 사람은 누구에게나 개미 기질과 베짱이 기질이 모두 잠재해 있는 것 같다. (중략) 일만 하는 개미 기질과 노래만 하는 베짱이 기질을 병행하여 '현대판 베짱이 기질로 산다면 노후에도 편안하게 보내면서 즐거운 마음으로 백세시대뿐만 아니라 그야말로 그 이상의 시대로 맞이할 수 있을 것 같다.
>
> -「베짱이 기질로 살고 싶다」 중에서

수필의 정수 중 하나가 유머인데 그것이 쉬워 보이지만 어쩌면 가장 어려운 것일 수도 있는데 그의 수필은 체험을 써나가는 글감 자체를 쓰면서 그 안에 유머를 듬뿍 담고 있다. 아들의 개구쟁이 시절을 쓰면서 특별한 묘사 따로 할 것 없이 있는 사실을 사경적으로 그려 내면서 전개해 가는 과정에 유머가 녹아 있다.

> 다행히 엄마와 같은 학교에 다니게 되어 어쩌다 교실 옆으로 지나다 보면 양동이를 머리에 뒤집어쓰고 수돗가로 뛰어간다. 그렇게 장난을 좋아하니 얌전한 여선생님의 고충도 알만하다. 아침에 비가 왔으나 하교할 땐 햇볕이 쨍쨍 내리쬐었다. 혼자서 검정우산을 쓰고 가니까 선생님이, 해가 나는데 우산을 왜 쓰니? 하고 말해도 "비가 오면 우산이고 해가 나면 양산이고" 하면서 우산을 접지 않았다는 말씀을 들었다. 아들이 개구

쟁이라 정말 미안했다. (중략)

통지표를 한 명씩 이름을 불러 나누어 주는데 막내가 통지표를 받고는 그 자리에서 "내가 양 씨니까 양만 줬구나." 하여 한바탕 웃음이 터졌다고 선생님께서는 웃으면서 말씀하셨다. (중략) 특히 막내아들은 어린 시절의 장난기는 찾아볼 수가 없이 점잖아졌다. 아이들은 자라면서 열 번 변한다는 어른들의 말씀을 실감했다. -「열 번 된다」 중에서

어느 날 우리 뚱뚱이 클럽은 어떻게 하면 살을 좀 뺄 수 있을까 고민하다가 피를 빼면 살이 빠지지 않을까 하는 어떤 친구의 말에 모두 공감했다. 그 당시는 병원에서 채혈해 주면 피의 값을 돈으로 주었던 시절이다. 우리는 살도 빼고 돈도 생기니 일거양득이 아닌가 하여 병원을 찾았다. (중략) 교복을 입고 가방을 든 채로 채혈실로 갔다. (중략)

4명은 실격(80%미만)이고 나만 88%가 되었다. (중략) 붉은 피가 병속으로 분수처럼 솟아올라 금방 한 병이 가득 채워졌다. 좀 아까운 생각도 들었다. 의사가 얼마간의 돈을 주시는 것을 보고 친구들은 몹시 부러워하는 표정이었다. 개선장군이 된 양 친구들을 이끌고 신설동 로터리에 있는 진설당(빵집)으로 우르르 몰려갔다. 빵을 종류대로 쟁반 가득 담아서 실컷 먹었다. 물론 집에는 일절 비밀이었다. 부모님이 아시면 혼쭐 날것이 불보듯 뻔했기 때문이었다. -「헌혈하세요」 중에서

한혜정은 제자에 대한 사랑이 남다르고 그 지도 방법이 사랑으로 뭉쳐져 있음을 느끼며 감동받게 하는 글들이 많다. 제자에 대한 사랑은 현직에 있을 때만이 아니라 교직을 떠난 지 오래된 현재까지도 넘쳐난다. 그리고 그 사랑은 무한한 신뢰로 이어지면서 감동스런 인성교육의 현장을 만날 수 있는 것은 이 메마른 세상에서 특히 사도가 땅에 떨어졌다고 개탄하는 현실에서 볼 때 오아시스를 만난 기분이 들 수도 있다. 작가는 그런 일들을 회고하면서 뿌듯한 보람을 열매로 가슴에 담아내는 모습을 솔직하게 표현하고 있다.

6년 전 석 선장을 살려냈을 때도 그렇고, 이번에도 역시 총상으로 엉망진창이 된 귀순용사를 수술하여 살려내다니 이국종 박사, 정말 훌륭하다. 그리고 장하다! 내 제자라는 것 또한 기쁨이 아닐 수 없다.

-「보람」 중에서

평생을 교직에 헌신했던 작가는 그 경험을 글감으로 써나가는 중에 독자로 하여금 그 투철한 사명감을 발견하고 고개를 숙이게 한다. 아이들을 지도하고 어머니회도 이끄는 장면들에서 즐거운 마음으로 온몸을 던지는 화끈한 성격과 열정을 엿볼 수 있다. 아니 그 정도를 넘어서 독자의 어깨가 들썩거릴 정도이다.

모조지 한 장에 검은색 매직으로 우리나라 백지도를 얼른 그려서 칠판에 붙였다. 셋째 시간이 시작되었다. "여러분, 오늘 시간표에 국사는 없지만 어제 내준 국사 숙제를가지고 공부합시다."로부터 시작했다. 5학년 국사책에서 그날의 진도는 신라와 당나라의 무역에 해적선으로부터의 피해와 장보고의 활약으로 해적을 소탕시키는 내용의 단원이다. 숙제장 하나를 내놓고 과제학습을 했다. 숙제를 잘해온 아이들이 다투어가며 발표를 했다. 백지도에 컬러매직으로 노선까지 그려가며 아주 다양한 발표들로 오히려 재미있는 수업이 이루어졌다. 나는 정리단계에서 마무리만 해주었다.

종례시간에 교장은 시간표에 없는 과목을 시켜서 미안하다고 하며 과제학습이 참 효과적이라는 것과 아이들의 발표가 활발해서 좋았다고 했다. 칭찬은 고사하고 망신당하지 않은 것만도 다행이다 싶었다.

-「저승사자는 오늘 몇 반으로 갔는가」 중에서

그런데 동우 어머니가 오셨다. 웃으면서 "선생님, 우리 동우가 아토피가 없어졌어요." 그러면서 동우가 즐겁게 3학년을 다녔다며 정말 고맙다고 하신다. 그렇다. 동우는 처음 대했을 때 보다 살도 쪘고 웃기도 잘하며 분위기가 달라졌다. 입 주위에 시퍼렇던 아토피도 어느새 없어졌다. 즐거운 학교생활 덕분인 것 같다. 그러고 보니 동우의 아토피는 스트레스 때문에 생긴 것 같았다. -「선생님, 아토피가 없어졌어요」 중에서 황해도 재령이 고향인 한혜정은 어린 시절 38선을 넘기 위해 부모를 따라나오며 겪었던 아주 특별한 경험을 세밀하고 유려하게 잘 표현해 주고 있다. 부모님을 생각할 때도 고향이 앞서고 통일전망대를 가도 고향이 눈앞에 아른거리는 것을 가감 없이 담담하게 잘 그려 나가고 있다. 실향은 어릴 적 기억이지만 그에게 글의 원천이 되고 있는지도 모를 일이다.

숨이 막혀오던 어머니 한 사람만이 구조됐다고 하셨다. 머리에서 피가 도랑물처럼 흘러내렸다고 하셨다. 그 후로 어머니는 누워서 꼼짝도 못 하셨다. (중략) 그 집에 산송장이 있다고 사람들이 수군거렸다. (중략) 언니 오빠가 장사한다고 낮에 나가면 나는 노란 콩 이삭을 주워다가 물에 불려 맷돌에 갈아서 콩죽을 쑤어 어머니께 드렸다. (중략) 어머니는 갑자기 신 복숭아가 먹고 싶다고 하며 어디 가서 복숭아를 몇 개 따오라고 하신다. (중략) 두근거리는 가슴을 누르며 복숭아나무를 보니 작은 복숭아들이 다닥다닥 달려 있었다. 얼른 서너 개쯤 따가지고 쥐도 새도 모르게 엄마에게로 왔다. 들키는 날에는 그 집에서 쫓겨날지도 모른다.

-「여덟 살의 6.25」 중에서

어린 나이에 북한 탈출의 위기 상황에서 목숨이 위태로울 지경의 병고에 시달리는 어머니를 살려내기 위해 모진 일들을 마다않고 감당해 가며 어머니를 간병해서 기어코 회생시킨 그의 수필은 그야말로 우리 민족의 역사 한 장이면서 효도의 모본을 보여주는 명수필이다. 그리고 그는 어머니가 떠난 오늘 성북천을 걸으면서 자연스레 그 어머니를 글 속으로 초대한다. 위기 속에서만 효성이 지극한 것이 아니라 자신의 생활이 더할 수 없이 여유롭고 안정된 지금 이유 없이 어머니가 자꾸 그리워지는 것을 솔직 담백하게 잘 그려내고 있다.

두고 온 언니 생각이 간절했다. 깊은 밤에 배 위에서 바라보니 은빛 고기들이 춤추듯이 위로 펄쩍 뛰어올랐다가 물속으로 사라진다. 캄캄한 바다 위로 달빛만이 길을 안내해 주듯 배가 미끄러져 간다. 다음 날 저녁 때쯤 민법이라는 섬에 도착하였다. "이남에 다 왔습니다." 뱃사공의 목소리가 들렸다. 둑 위에는 총을 멘 헌병들이 쭉 서 있었다. (중략)

아버지의 사랑을 떠올리며 가신 어른께 감사의 사연을 절절히 전하는 것도 또 다른 효심을 담고 있기에 독자의 코끝을 찡하게 만든다. 엄격했고 자애로웠던 오빠를 회상하는 늙은 여동생은 아직도 청춘이다. 그의 수필은 가족애로 넘쳐난다. 남편을 먼저 보내고 띄워 보내는 사랑과 그리움으로 범벅 된 감사의 글들은 청춘의 것보다 훨씬 향기 나는 연서이다.

이남에서 긴 세월을 살았지만, 부모님께서는 고향을 그리며 통일되기를 그렇게도 기다리다가 고향 땅을 다시 밟아보지도 못하고 가셨다. 이제 내가 통일을 기다리는 신세가 되었다. 공산 치하로부터 가족 구출에 성공하신 아버지 덕에 지금까지 자유로운 대한민국에서 살고 있다.

-「여덟 살의 6.25」 중에서

7개월 전에 타계하신 어머니가 너무 보고 싶다. 이제 어디에 가서 어머니라고 불러 볼 수 있을까? 허둥지둥 뛰면서 엄마 손을 놓지 않으려고 꼭 잡고 사선을 넘어 남으로 오던 기억이 새로워, 엄마, 엄마 불러보았다. 기척도 없이 흐르는 눈물도 닦지 않고 마구 걸었다. 불러 보고 싶은 엄마 이름을 마음 놓고 부를 수 있는 성북천 길이 점점 더 좋아졌다.

-「성북천 길을 걸으며」 중에서

아들딸, 손자녀 이야기에서는 한혜정도 절제를 내다 버리고 쏟아내고 있다. 가족 사랑은 이런 폭발력 때문에 오히려 수필의 요체인 솔직함에 더 다가간 좋은 표현이 될 수도 있겠다.

여보, 이렇게 불러보는 것도 처음이자 마지막이 되었군요. 우리는 부부로 반세기를 살면서 한 번도 여보 당신이라 부르지 않고 당신은 나에게 자네라고 친구처럼 불렀고 나 또한 애들 따라 아빠라고 불렀죠. 그러다가 세월이 흘러 당신은 '심원'이라고 내 호를 불렀어요. 늙으면 호를 불러야 한다면서 말입니다. 여보 이제나마 마음껏 여보 당신을 불러보렵니다.

-「사랑하는 당신에게」 중에서

수필가 한혜정의 사랑 대상은 가족만이 아니다. 제자들만도 아니다. 이웃과 친구들이다. 동창들을 사랑하고 그 모임을 기다리고 적극적으로 참여해서 사람들을 즐겁게 하는 작품들은 독자를 흐뭇한 감정으로 푹 쉬게 만든다. 이웃에 대한 사랑은 그 사랑법도 다양하고 대상도 끝이 없다. 그중 구두 선생님은 주제가 선명하고 수필의 요소들을 고루 갖춘 수작이다

한혜정은 그의 수필세계를 자신과 주변 사람들 얘기에서 그치지 않는다. 사회 문제나 공익 등의 관점에서 예리하게 관찰함과 동시에 물불 가리지 않고 적시에 그 문제에 뛰어들어 해결하는 실천적 지성인이다. 그 이야기들을 솔직 담백하게 전개하여 공감을 얻는데 그치지 않고 사회 계도적인 설득으로 나아가는 적극성을 보이고 있다. 그러면서도 그 표현이 전혀 거부감 없이 다가오는 것이 그의 장기라 할 수 있다.

남편을 그리워하고 가족에 대한 사랑을 표현하면서도 조용히 써 내려가는 전개를 마주하면서 그의 절제와 은유를 생각하게 하는 것이 한혜정의 수필세계라 할 수 있다.

한혜정 수필집

청석두리 이야기

2020년 12월 5일 초판 인쇄
2020년 12월 10일 초판 발행

지은이 / 한혜정

발행인 / 강병욱
발행처 / 도서출판 교음사
편 집 / 隨筆文學社 出版部

03147 서울 종로구 삼일대로 457 수운회관 1308호
Tel (02) 737-7081, 739-7879(Fax)
e-mail : gyoeum@daum.net
등록 / 제2007-000052호

* 잘못된 책은 바꿔 드립니다. 값 12,000원

ISBN 978-89-7814-811-5 03810

이 도서의 국립중앙도서관 출판예정도서목록(CIP)은 서지정보유통지원시스템 홈페이지(http://seoji.nl.go.kr)와 국가자료공동목록시스템(http://www.nl.go.kr/kolisnet)에서 이용하실 수 있습니다. (CIP제어번호 : CIP2020051490)